MILAGRES
à Luz do Espírito Aloha

• *Mestre Jesus Sananda* •

Carmen Balhestero

Milagres
à Luz do Espírito Aloha

MADRAS®

© 2014, Madras Editora Ltda.

Editor:
Wagner Veneziani Costa

Produção e Capa:
Equipe Técnica Madras

Revisão:
Arlete Genari

Dados Internacionais de Catalogação na Publicação (CIP)
(Câmara Brasileira do Livro, SP, Brasil)

Balhestero, Carmen
 Milagres: à luz do espírito Aloha/Carmen Balhestero. – São Paulo: Madras, 2014.
 1. Grande Fraternidade Branca 2. Milagres
 3. Ocultismo I. Título.

ISBN 978-85-370-0931-4

14-08078   CDD-299.93
 Índices para catálogo sistemático:
 1. Mensagens: Grande Fraternidade Branca:
 Religiões de natureza universal 299.93

É proibida a reprodução total ou parcial desta obra, de qualquer forma ou por qualquer meio eletrônico, mecânico, inclusive por meio de processos xerográficos, incluindo ainda o uso da internet, sem a permissão expressa da Madras Editora, na pessoa de seu editor (Lei nº 9.610, de 19.2.98).

Todos os direitos desta edição reservados pela

MADRAS EDITORA LTDA.
Rua Paulo Gonçalves, 88 – Santana
CEP: 02403-020 – São Paulo/SP
Caixa Postal: 12183 – CEP: 02013-970
Tel.: (11) 2281-5555 – Fax: (11) 2959-3090
www.madras.com.br

Índice

Agradecimentos 7
Apresentação 11

Capítulo I
Silêncio Mental 13

Capítulo II
Atitudes que Criam Culpa 21

Capítulo III
Relacionamentos e Família 33

Capítulo IV
Saúde, Doença e Cura 47

Capítulo V
Religião e Espiritualidade 57

Capítulo VI
Viva e Crie Sempre o Amor e a Paz 63

Capítulo VII
Um Novo Despertar por meio do
Espírito Aloha 67
Considerações Finais 71

Anexo
Renascimento na Energia de Milagres 73

Texto complementar
O Labirinto 133

Bênçãos Finais 137
Sobre a Autora 139
Sobre a Pax 141

Agradecimentos

Queridos amigos, é com Gratidão que compartilho este livro.
 Não acredito em coincidências, mas sim no grande Plano Divino, no qual tudo é orquestrado pela Inteligência de Deus e através dos ciclos da Vida. No Tempo de Deus, tudo retorna de forma sagrada. Este livro apresenta o Curso em Milagres 2, que, na verdade, é a parte avançada do Curso em Milagres. E, para estruturá-lo, escolhi utilizar parte da transcrição desse curso ministrado na PAX em um dia 26 de agosto – justamente o dia em que, nas ilhas do Havaí, os Kahunas (curandeiros locais) e a população celebram o dia do ESPÍRITO ALOHA e, não por acaso, exatamente o dia em que meu editor, sem saber disso, me informou que o livro seria lançado!
 Preciso render minha reverência e gratidão eterna à Madame Pele, grande Deusa dos vulcões, e a toda a energia de Kilauea, na ilha do Havaí, ou Big Island[1] – o vulcão mais ativo do planeta. Eles mudaram a minha vida em 1985, quando lá estive pela primeira vez (para mais informações sobre essa energia sagrada, veja Capítulo VII) e tive a oportunidade de escolher viver o Espírito Aloha diariamente, incorporando o significado de novas virtudes e de melhores escolhas em meu dia a dia.

---

1. A ilha do Havaí, também chamada Big Island, é a mais jovem e a maior ilha do Havaí e possui constante atividade vulcânica.

Agradeço à minha família terrena: meus pais André e Genny e minhas irmãs Vera e Cláudia, que são a base da minha vida espiritual, à minha estrelinha Nicole e aos meus cunhados Neto e Alex.

Agradeço ao Clêudio Bueno, meu companheiro há 20 anos, pela paciência, amor, compreensão, determinação.

Agradeço à Maria Fernanda Teixeira da Costa, que participa dos trabalhos da PAX desde as primeiras Orações e Meditações pela Paz na Terra em minha casa, há mais de 30 anos, por incentivar a publicação deste livro, viabilizando a transcrição.

Agradeço ainda à Sandra Scapin, pela editoração e por colocar de forma objetiva as mensagens dos Mestres da Luz; ao meu editor Wagner Veneziani Costa e sua competente equipe, que não mediu esforços para manifestar mais este livro em tempo recorde – além de sua sensibilidade, Wagner, com sua intuição, manifesta a presença dos Seres de Luz na Mãe Terra por meio de suas publicações na hora certa; ele acompanha a minha jornada espiritual há 23 anos e foi ele quem editou meus livros *Milagres São Naturais – Manifeste o seu, Curso de Maestria e Ascensão por Mestre Saint Germain* e *EU SOU Saint Germain – O Pequeno Grande Livro da Chama Violeta em Ação*.

Agradeço ao reino Animal, que me fez conhecer o amor incondicional e a fidelidade por meio dos meus anjos Aloha, Merlin, Shasta e Star, que já estão nos planos de luz, e de Órion e Sírius, que me trazem uma nova onda de Luz, equilíbrio e inspiração, renovando a minha vida a cada dia – são os anjos de quatro patas que me acompanham diariamente nesta grande escola que é a Mãe Terra.

Agradeço à Família PAX, que sustenta os ensinamentos dos Mestres da Fraternidade Branca na Mãe Terra por meio do trabalho devocional e do exemplo; a Heloísa Lassálvia, Jordão Torres e Jane Ribeiro, pelo comprometimento e trabalho ao Mestre Saint Germain e aos Mestres da Fraternidade Branca, dirigindo os trabalhos da PAX comigo.

Tenho ministrado este Curso em Milagres Avançado na PAX desde 1998.

AGRADECIMENTOS

Agradeço a você, que escolheu mergulhar fundo em seu subconsciente e ancorar novas frequências de Luz, mudando crenças passadas e escolhendo viver a harmonia e a felicidade por meio dos temas e exercícios propostos neste livro.

Que, juntos, possamos criar momentos felizes a cada instante de nossas Vidas, escolhendo e criando um novo caminho com a Consciência de preservar a Vida e todos os Reinos existentes e à Mãe Natureza, porque é por meio dela que encontramos equilíbrio e Saúde.

Dias iluminados com muitas Bênçãos, Amor e Realizações.

PAX & Luz.
Eu Sou,
Carmen Balhestero

Apresentação

Antes de iniciar este Curso em Milagres Avançado, você, querido leitor, precisa ter claro que o mais importante, é passar pelo seu processo individual. Seja verdadeiro com você mesmo e aproveite este momento em que estaremos juntos nesta leitura, para ir ao encontro da sua essência, mudar a sua energia e alinhar as forças da sua própria vida agora.
Todos temos de escolher entre dois processos internos:
• A projeção das escolhas externas que criam a ilusão – o Medo.
• A nossa intuição, que reflete a nossa verdade – o Amor.

Nós vemos um mundo extremamente confuso na energia do caos, do limite, da dor e do sofrimento, e nos esquecemos de praticar o Amor Incondicional, que foi e É a principal mensagem do Bem-Amado Mestre Jesus. Jesus nos ensina que está na hora de ouvir, através do nosso silêncio interno, o compromisso com as Virtudes que expressam quem verdadeiramente somos – estas Virtudes fazem parte do jeito "Aloha" de viver.
Então, vamos começar!
Antes, porém, quero pedir-lhe que, ao iniciar a leitura, acomode-se confortavelmente, para estar bem relaxado e poder atender com mais facilidade às orientações, como descruzar braços e pernas, por exemplo, ou outras relacionadas ao seu corpo físico.

No curso ao vivo, eu peço a todo momento para as pessoas fecharem e abrirem os olhos, e faço isso porque o abrir e o fechar dos olhos faz mudar a vibração das ondas cerebrais. Aqui, porém, não vou pedir-lhe isso, uma vez que, para ler, você precisará manter os olhos abertos. Então, nesses momentos, vou pedir a você que aquiete a sua mente, que a sintonize no silêncio ou que medite sobre o tema de que estivermos tratando; com isso, minha intenção é que você retome o contato consigo mesmo e, em seguida, prossiga com a leitura, mas de maneira mais introspectiva. Nada impede, porém, que, nesses momentos, você feche os olhos...

Agora, vamos mesmo começar!

Descruze braços e pernas, respire profundamente e sintonize sua mente no silêncio.
Preste atenção na energia do seu silêncio interior.

Capítulo I

Silêncio Mental

*O espelho sobre as águas calmas – Um retorno
à sintonia do amor*

Neste primeiro capítulo, vamos observar algumas energias que permeiam a nossa vida, a fim entender a maneira como lidamos com elas e perceber como isso nos distancia da energia do amor.
 É no silêncio da mente que conseguimos esse entendimento; portanto, a dinâmica vai ser assim: vou introduzir alguns temas, fazer questionamentos e deixar que você aquiete a sua mente e reflita sobre eles, silenciosamente.
 Quando ouve o seu silêncio, você comunga com a energia do poder de Deus. Vamos, sinta o seu silêncio...
 A nossa vida é o reflexo de tudo o que o nosso pensamento pensa e de tudo em que a mente acredita. Quando a mente está calma, ela reflete o espelho das águas calmas e, assim, a vida também se harmoniza com essa sintonia.

Segurança
 – Você é seguro? Sente-se seguro?
 – E você se sente seguro hoje, exatamente? Por quê?
 – De que você precisa para ter segurança?
 – Você tem tudo o que quer para se sentir seguro?

Medite um pouco sobre o tema...

Percepção
Nós vemos um mundo de muitas transformações e escolhas, em que cada pessoa é responsável por manifestar a energia da própria verdade. Nós mudamos o nosso mundo quando mudamos a nossa percepção.
   Pense na palavra "percepção".
   – Como você percebe a sua vida?
   – Como você percebe as coisas ao seu redor?
   – Como você percebe tudo o que o universo lhe oferece e facilita para que você possa assumir a sua felicidade?

Medite um pouco sobre o tema...
Agora, projete-se em um grande campo verde, maravilhoso, cheio de flores, montanhas. Sinta-se andando bem rápido nesse campo. Andando, andando, andando... e, quando você chega no final, tem um abismo. Você pula? Você para?
Pense em como você se percebe em relação à sua segurança.

Poder
   – Onde está o seu poder?
   – Qual é a energia do seu poder?
   – Qual é a sintonia daquilo em que você acredita?
   – Você tem poder ou você dá o seu poder aos outros?
   – Como você está trabalhando o seu poder?

Medite um pouco sobre o tema...

O mundo, hoje, está em constante mudança. Como é que nós podemos mudar o mundo para melhor? Pense nisso. Pense no que você pode fazer, na sua vida individual, para transformar mundo em que vive.
   – Em que mais você pensa?
   – Você pensa sobre trabalho, contas a pagar, família, saúde?
   – Você pensa sobre você?
   – Pense em seus pensamentos de todos os dias. Que ênfase você dá a eles?

Medite um pouco sobre o tema...

O pensar é um hábito; quando cura o seu pensamento, você cura a sua vida.

Pense em que pensamentos você quer ter daqui para a frente, a fim de que possa viver bem. Então, mergulhe sua mente nesses pensamentos, nessa energia, nessa sintonia de força.

- O que é para você impossível?
- O que você quer da vida?
- Você já conseguiu alguma coisa impossível?
- Que processo você teve de passar para conseguir o impossível?

Medite um pouco sobre o tema...

Criação
Nós somos criações de Deus. Ele o criou à sua imagem e semelhança, para que você pudesse criar também o sagrado, o abundante, o feliz.

- Quais são as criações que você conseguiu criar e manifestar em sua vida?

Medite um pouco sobre o tema. Coloque-se em sintonia com o seu EU verdadeiro, com o poder de sua alma, com o seu EU real. Sinta esta conexão. Sinta o silêncio. Procure perceber se você está confortável com o seu silêncio.
Projete-se novamente naquele campo verde, cheio de flores...
Você anda, anda, anda e, no final, tem um abismo.
Você pula ou para?

Segurança
Dentro de nossa mente temos a energia perfeita, chamada energia Crística, que é a força da ressurreição dos nossos limites e sentimentos inferiores. É a sintonia que traz a energia de um novo mundo e a força que traz a esperança de um novo tempo.

- Você se sente seguro?

Sintonize-se com a energia Crística, sinta o seu Poder. Permita que essa energia atue em você agora.

A Mente é responsável por nossas criações e realidades:
- A mente racional, ou mente consciente, é a que analisa, julga e está ligada ao mundo tridimensional.
- A mente inconsciente é aquela onde fica gravado o registro akáshico, as memórias de vidas passadas.
- A mente subconsciente, que é onde se gravam impressões, imagens, odores e que, depois, repete a mesma cena em nossa realidade, é a que, hoje, é objeto de estudo da neurociência.

Você já reparou que muitos atores repetem na vida real aquilo que vivem em filmes e teatros? Isso mostra que as impressões ficam gravadas no cérebro deles e que, em algum momento, essas lembranças são liberadas e repetidas, por isso a importância de fazermos melhores escolhas e de nos cercarmos de situações positivas e edificantes o maior tempo possível a cada dia.

Além dos três tipos de mente citados, temos também a mente Crística, que é o padrão mais elevado de frequência cerebral, onde está o Poder do Espírito Santo em nós. Isso mesmo, o Espírito Santo, que é o terceiro aspecto da Trindade, o Sopro Divino que nos dá a Vida quando nascemos, fica localizado em nossa mente Crística, em nosso cérebro.

De acordo com o Plano Espiritual, quando temos um problema, basta sintonizar a nossa mente Crística e pedir que o Espírito Santo em nós atue e nos mostre a melhor solução. Simples assim, porque Deus é simples, a Vida deve ser simples, e tudo depende de nossas melhores e próximas escolhas daqui para a frente.

Esperança
– Você tem esperança?
– O que é a esperança para você?
– Qual é o seu objetivo de vida? O que falta para você alcançá-lo?

Medite um pouco sobre o tema...

Intuição
Intuição é aquele frio na barriga, aquela dor no estômago... É uma energia que tanto pode incomodar quanto pode não incomodar, dependendo de como for sentida.
– No dia a dia, você usa mais o pensamento, a imaginação ou a intuição?
– Como você está em relação à sua intuição? Consegue ouvi-la?

Milagres ocorrem quando a pessoa é espontânea e natural.
Nesse processo não existe impossível. Pense nisso!

Novamente, a segurança...
– O que dá segurança a você?
– Você se sente seguro?
– Você tem tudo de que precisa para se sentir seguro?

Medite um pouco sobre o tema...

Família
– O que a sua família representa para você?

Se precisar curar um relacionamento com alguém da família, faça isso agora: visualize a pessoa à sua frente, peça perdão a ela ou peça-lhe que o perdoe; então, abençoe a pessoa, envolva-a na luz violeta da transmutação e, em nome do amor, cure essa energia.

Valor
– O que tem valor para você?

Medite um pouco sobre o tema...

– Como você se sente em seu caminho, na sua vida, agora?
– Você está feliz com tudo o que é e tem?
– Você quer mais mais situações positivas na sua vida?

– Você entende que está em um processo de escolha ou está deixando os outros escolherem por você?

Medite um pouco sobre o tema...

– Como você avalia o mundo hoje: um mundo de medo ou um mundo de amor?

Medite um pouco sobre o tema...

– Como você avalia a sua vida: centrada no amor ou centrada no medo?
– Como você transmuta o medo?
– O que falta para você curar essa energia de medo?

Ouça o silêncio...

Entendendo que tudo é questão de escolha, que nós somos eternos e que comungamos o silêncio com o poder supremo de Deus, tudo se torna possível em nossa experiência humana.

Sinta o silêncio e abrace a possibilidade de manifestar tudo o que a sua mente projetar.

Nós criamos a nossa realidade. Quando estamos sofrendo, ou estamos confusos, nós temos condições de mudar essa realidade mudando a nossa atitude.
– O que você mudaria na sua realidade, agora?

Medite um pouco sobre o tema...

– Como você enxerga tudo o que tem na vida hoje: com os olhos ou com o coração e os sentimentos?

Seja gentil com você, não se puna nunca. Compreenda que você está, hoje, no lugar em que se colocou para aprender aquilo que escolheu aprender.

Segurança
– Você se sente seguro?
– O que falta para você se sentir seguro?
– O mundo, hoje, é seguro?
– O que falta para o mundo estar seguro?

Coloque-se, agora, em sintonia com a sua alma, no centro do seu corpo, que é o seu templo, na chama do Amor Incondicional.
Busque dentro de você o poder da sua alma, toda a energia de alegria, força, misericórdia, verdade, equilíbrio, sintonia e compromisso com a sua própria vida.

Verdade
– Você é verdadeiro com você?

Projete-se mais uma vez naquele campo verde. Você anda, anda, anda e, no final do caminho, um abismo... Você pula ou para?
Respire profundamente e sinta a sua energia em harmonia...

Capítulo II

Atitudes que Criam Culpa

Obsessão e depressão

O mundo, hoje, está violento, confuso, com muitos limites, falta de dinheiro, contas a pagar, porque nós, como humanidade, nos esquecemos de buscar a nossa Paz Interna e ficar em Silêncio. Depois que aprender a praticar o silêncio mental, você verá como é fácil ficar em Paz e desligar-se de tudo o que está acontecendo à sua volta. É tudo questão de prática, de costume.

Então, o que acontece? Nós somos seres de hábitos. Em geral, acordamos, ligamos o botão que nos coloca em sintonia com a energia do mundo e, assim, atraímos problemas, preocupações, toda espécie de energia confusa, que vibra no inconsciente coletivo. Ao acordar, é importante que possamos nos fechar em nossa Luz. Então, todo dia, antes de sair da cama, feche-se na sua Luz.

FECHANDO-SE NA SUA LUZ
Sente-se na cama e visualize, do centro do Universo, um tubo de luz azul, que desce e fecha você na chama da proteção do Arcanjo Miguel, e, na planta de seus pés, uma plataforma de luz violeta, que transmuta tudo o que não seja luz. Em seguida, abra o seu chacra cardíaco como um sol violeta, que irradia três metros de luz em todas as direções, transmutando tudo o que não seja Luz, Paz, Unidade. Depois, faça uma oração de Poder, que pode ser o

Pai-Nosso, a Ave-Maria ou a Grande Invocação. Então, levante-se e comece o dia sintonizado no Poder de Deus, e não em sintonia com o inconsciente coletivo da humanidade.

Atitudes
– Como são, hoje, as atitudes do mundo?
– Será que o mundo tem consciência daquilo que está fazendo e vivendo?
– Será que o mundo vive uma verdade ou uma mentira?
– Será que nós vivemos uma verdade ou uma mentira?

Cada um tem a sua realidade. Você busca dentro de si aquilo que está valendo para você agora, aquilo que você está escolhendo e o que realmente quer criar e manifestar. Esse é o seu processo de cocriação.

Porque nós vivemos um processo em que estamos diretamente ligados "no botão da nossa verdade e da nossa alegria", algumas pessoas pensam que vivemos fora deste planeta, não é? Você está em um contexto, em uma sociedade, em uma família, em um país, em um planeta e em um sistema que já tem hábitos, condicionamentos, energias e diretrizes. É com essas energias que temos de aprender a lidar para podermos reconstruir aquilo que estamos vivendo.

– Como é a sua realidade?

Sabendo que a realidade é a projeção daquilo que nós pensamos, acreditamos e fazemos, avalie: como é que você está em relação à sua realidade?

Medite um pouco sobre o tema...

Meios de comunicação
Estamos vivendo um momento em que os meios de comunicação são muito importantes. São a forma direta de se saber o que acontece naquela hora em qualquer lugar do mundo.
– Em que mundo você está vivendo: no seu mundo ou naquele que os outros escolheram para você?
– Como é que se transforma essa situação?

Quando estamos vivendo um mundo que foi escolhido para nós por outras pessoas, a transformação se dá com a mudança da percepção.

É preciso ter muito cuidado com tudo o que se vê, ouve ou assiste, seja rádio, jornal, TV ou internet. Nós somos ímãs, e atraímos tudo aquilo em que colocamos nossa atenção e a que damos poder. Estamos vivendo a Era da Comunicação. Precisamos comunicar a nossa verdade, aquilo que realmente está acontecendo, e a nossa vida externa é o reflexo da verdade dos nossos sentimentos e de nossa vida interna.

Desde 2012, com as explosões solares e a aproximação da Mãe Terra do Sol, estamos nos transformando e ficando mais sensíveis. A transformação que vivemos agora relaciona-se com o desenvolvimento da telepatia e com a capacidade de enxergar o outro na frente de forma transparente – a Mentira está com os dias contados.

A trapaça e mentira não condizem com a energia de Deus. Então, o que acontece? Estamos caminhando para a amplitude das nossas percepções, para a abertura do terceiro olho, para a percepção extrassensorial e para não ter mais essas energias de domínio, de controle e de poder abusivo na família, nas relações de amizade e em qualquer tipo de relacionamento em qualquer lugar, em todo o mundo. Estamos na Era da Comunicação. Vamos nos comunicar com verdade, com compromisso, com consciência, com simplicidade, com integridade e com amor incondicional.

Obsessão e depressão
Depressão e síndrome do pânico, infelizmente, estão na moda. Muitas pessoas entram em depressão ou têm síndrome do pânico e acabam tomando remédio para se sentirem melhor

As pessoas criam esse processo de doença quando elas não conseguem atingir o seu eixo de segurança. O mundo, hoje, está violento, porque as pessoas se esqueceram de dedicar um minuto por dia para respirar e ficar quietinho, tentando encontrar esse eixo interno de força e segurança, de poder centrado na consciência. Não é força de expressão; dedique um minuto por dia para respirar, para sentir a energia e para sentir o seu compromisso com a sua própria força e veja os resultados! Precisamos ter fé, acreditar em nós mesmos. Temos de acreditar não só no que está acontecendo à nossa volta, mas, sobretudo, temos de compreender e aceitar os nossos sentimentos internos. É chegada a hora de caminhar com a eterna segurança, centrados na Fé em nós mesmos, em Deus e na Vida.

O processo da depressão ocorre em vários níveis. Começa com o mundo em depressão – o planeta Terra passando por um processo de transformação, de sofrimento, porque o homem abusou do sistema ecológico, o que deixa no mundo uma energia de desequilíbrio, de desarmonia – e com as pessoas mais sensíveis puxando essa irradiação, ficando também deprimidas. Aí, com uma quantidade de pessoas deprimidas e tristes por terem atraído essa energia do inconsciente coletivo, o sentimento de depressão se expande ao redor, fazendo que outras pessoas atraiam essa energia e fiquem deprimidas também. E como é que se cura isso? Com o constante Vigiai e Orai. Você com você, todo dia, em todos os lugares, vivendo com consciência. Eu também. Eu, Carmen, nos momentos em que não estou bem, tomo banho, respiro e me fecho em Luz. Tento me reabastecer, para receber aquilo de que preciso no comprometimento da energia do meu coração, da minha alma, naquilo que me faz bem. É uma atitude simples: respirar para fazer a minha energia voltar ao meu eixo interno e não atrair a energia do mundo. Temos de fazer isso, porque, se nos descuidarmos, acabaremos nos envolvendo com as energias e os problemas do mundo.

Agora, como é que está o mundo?

Vivemos um momento de tomada de consciência de que nós, como humanidade, estamos escolhendo conscientemente a energia da Paz. Contudo, o nosso lado ego-personalidade, de tão mal acostumado com contas a pagar, sofrimento, dor e limites, não admite que possamos ter uma vida mais leve e que todas as coisas possam fluir de uma maneira mais plena, harmoniosa, equilibrada e rápida.

É fundamental estarmos centrados na energia do amor, do compromisso com a nossa própria frequência de Luz que irradia a nossa essência.

E como é que se cura depressão? Muito simples: voltando-nos para o nosso EU Verdadeiro, para a nossa âncora, para a nossa alma, para o nosso compromisso com a essência e para a energia que flameja a nossa própria força de fé.

Crenças

Nós vivemos aquilo em que acreditamos. Quando acreditamos no amor, vivemos o amor, mas quando, infelizmente, acreditamos na dor, nos problemas, nós atraímos essa energia. A maioria das pessoas no mundo acha normal sofrer. Isso está impregnado no inconsciente coletivo da humanidade, está incutido em nossos pensamentos. A maioria das pessoas pensa: "Se Jesus, que é o Filho de Deus, sofreu, como é nós, pessoas comuns, não vamos sofrer?". Pensamentos desse tipo têm a ver com egrégora de forças geradas pela forma-pensamento da crucificação de Jesus – quando pensamos em Jesus, geralmente nos lembramos d'Ele na Cruz, imagem que se associa a sofrimento e dor. Se mudarmos essa crença, comprometendo-nos com a nossa vida e com a nossa consciência, conseguiremos curar a nossa Vida.

Vícios

Há vícios de vários tipos. As pessoas podem se viciar em bebida, fumo, sono, comida, bem como em praguejar, criticar...

Não devemos condenar ninguém, porque vício é falta de segurança, e falta de segurança é falta de amor. O que cura problema de insegurança é amor – amor incondicional.

A grande pergunta é: como se faz para ligar o botão do amor incondicional e ficar sintonizado só nele? Tem de ter muita fé, disciplina e dedicação, além de autocontrole, para não dar poder às ilusões do mundo. Hoje, é fácil nos deixarmos levar por problemas alheios e sofrer com eles; por isso, temos de usar nossa energia com muita consciência, assim como todas as nossas escolhas têm de ser feitas conscientemente. Nós atraímos aquilo que emanamos; nossa realidade é um reflexo da nossa consciência.

LIGANDO O BOTÃO
DO AMOR INCONDICIONAL

Tente encontrar a sintonia em que você se sente confortável e de bem com você mesmo, com a sua mente e com o seu coração; a sintonia que lhe permite sentir a sua energia, o seu poder e a irradiação maior da sua alma.
Encontrou? Então, sinta essa sintonia e esse conforto interior por alguns instantes. Em seguida, perceba-se. Você se sentiu bem em contato consigo mesmo? Mudou alguma coisa em relação ao seu sentimento de segurança ou ao que faz você se sentir seguro ou traz segurança a você?

Os vícios não podem ser curados por meio de poção mágica, porque mágica é truque, não é vida, e milagre não é truque. Milagre é a energia que acontece normalmente. É Verdadeiro.

Como acionamos o poder do milagre? Com a energia do nosso próprio poder, do nosso poder de criar, de escolher, de discernir... Nós acionamos o poder do milagre sintonizando as frequências certas de Luz.

– Você se sente dependente de alguma coisa: comida, remédio, livro, dinheiro, situação?
– O que dá segurança a você: casa, dinheiro, família, contas pagas?
– O que você dispensaria para viver sua energia de felicidade, de harmonia?

Reflita sobre isso...

Verdade
– Você vive a sua verdade?
– Você reconhece o seu poder ilimitado, a sua energia de compromisso com o seu EU?
– Você reconhece a sua força que renasce por meio da sua sintonia de vida?

Projete-se naquele campo verde, lindo e maravilhoso. Você está andando, andando, andando, andando até chegar no final, onde há um abismo. Você pula ou para?

Segurança é o tema recorrente desse curso. Então, responda: como você está em relação à sua segurança?

Reflita sobre isso...

Quem escolhe entregar-se aos desejos do ego não vive a sua felicidade, o seu propósito de vida.

Sintonize-se com sua Verdade e você será feliz.

Como está o mundo hoje? Vemos que a escolha do ego-personalidade está mais fortalecida que a escolha do nosso EU VERDADEIRO, da nossa alma. Isso não é bom, justamente agora, quando estamos vivendo um momento de compromisso com a nossa alma. Então, o Plano Espiritual orienta que utilizemos o nosso livre-arbítrio para atuarmos de forma consciente, centrados nas escolhas de nossa alma e não nas do ego-personalidade – só assim nossa vida ficará mais leve, saudável e próspera.

Vemos muitas coisas se transformando, e não se trata de coincidências, mas sim do reencontro de cada ser que escolhe de forma diferente. Com a energia do nosso poder e da nossa responsabilidade, que é a habilidade que temos de responder à vida, nós manifestamos a energia do nosso potencial de criar. Criar. Criar de forma Consciente.

Poder
– Como você está em relação ao seu poder?
– Você utiliza o seu poder para ser feliz ou o entrega aos outros?

Consciência
– Você usa o seu poder com consciência?

Perdão
– Você consegue perdoar, verdadeiramente?

Projete-se naquele campo verde em que você anda, anda, anda e, no final, chega há um abismo. Você pula ou para?

O mundo que vemos hoje é o resultado das crenças de várias pessoas, e se nele há mais problemas do que soluções é porque muita gente pensa mais em problemas do que em soluções.
Então, reflita:
– Que solução você daria para o mundo hoje?
– Como você enxerga o mundo hoje?
– Este mundo está distante da realidade que você escolheria para si?
– O que é necessário para o mundo ser curado? O que está faltando?

Sintonize-se com o Espírito Santo (lembre-se de que o Espírito Santo mora em sua mente crística, muito perto de você). Receba inspiração e poder do Espírito Santo em você e, quando precisar curar algum aspecto do seu eu – físico, mental, emocional ou espiritual –, respire e aceite a realidade da cura como realizada. Aproveite e faça isso agora.

ORAÇÃO – ACEITANDO O SEU VALOR VERDADEIRO
Pai,
Que eu possa transmutar a minha dor, o meu sofrimento e a minha doença, e possa reencontrar a minha conexão com a chama da minha verdade.
Que, a partir de agora, eu seja a força que ancora o poder ilimitado de criar o amor e uma nova vida.

> *Eu perdoo o meu passado, os meus abusos e tudo aquilo que fiz sem consciência.*
> *Não tenho medo de me curar.*
> *Eu aceito a cura total agora. Eu transmuto o meu ego-personalidade e mantenho o meu poder aceitando o meu valor verdadeiro no eterno agora.*
> *Amém.*

Sinta este momento lá dentro de você. Concentre-se só no agora, sem pensar no ontem nem no amanhã. Sinta o agora, absorva esta energia e, em seguida, perceba-se.
– Como você está se sentindo: mais confortável? mais próximo da sua energia?

Relacionamentos

Todos os relacionamentos que criamos e atraímos – familiares, pessoais e principalmente afetivos – são alavancas para a nossa maestria. É por meio deles que exercitamos o nosso poder e as nossas escolhas. As pessoas com as quais convivemos são espelhos daquilo que não queremos enxergar em nós mesmos, são reflexos de nossas escolhas em vidas passadas e também nesta vida, mas no contexto que estamos vivendo: uma pessoa reflete a outra.

Quando você olha honestamente para dentro de si, a fim de analisar seus sentimentos e sensações, em geral encontra o reflexo dos sentimentos de alguém à sua volta, o que não é bom... Temos de nos cuidar, não é mesmo? Para fortalecer sua conexão interna, deixando você mais perto do seu poder verdadeiro, o melhor a se fazer é meditar e praticar o silêncio mental. Quando todas as pessoas conseguirem ser verdadeiras o suficiente para criar uma energia de amor, de vitória, de verdade e de fé, e conseguirem reverenciar a própria energia de felicidade, o mundo será bem mais feliz, porque a cura e a paz só acontecerão quando cada um fizer a sua parte. Então, o objetivo da vida, o grande objetivo final, é ser feliz. E até chegar à felicidade, cada um escolhe o caminho que achar melhor, aquele

que realmente quiser. Fazer-se feliz todos os dias é questão de escolha pessoal.
– Como você está em relação aos seus relacionamentos?

CURANDO RELACIONAMENTOS
Se alguma coisa que não estiver bem nessa área da sua vida, aproveite a energia de cura agora, com o auxílio do Plano Espiritual.
Visualize a pessoa na sua frente, projetada em uma tela branca, e envolva-a em luz violeta, da transmutação, rosa, do amor, e verde, da cura... Em seguida, converse com ela, diga-lhe o que achar que deve ser dito para resolver o problema. Aproveite essa irradiação de amor, luz, paz, verdade, justiça e equilíbrio para que tanto você quanto a pessoa restabeleçam seu próprio poder e reconheçam sua própria energia mental e seu potencial energético, de fé e de compromisso com a energia da alma.
Inspire, absorvendo este momento.

Projete-se, novamente, naquele campo verde, lindo, repleto de flores, no qual você anda, anda, anda e, no final, um abismo...
Você pula ou para?

Amor
Muitas das missões da nossa vida, hoje, são aprendidas pelo medo, porque insistimos em não acreditar nem admitir a força do amor.

– Como você está em relação ao amor que sente por si mesmo?
– Em que você acredita?
– O que é importante para você?
– Quais são as coisas sem as quais você não consegue viver?

Valor
Você tem tudo o que você valoriza? Você tem tudo o que você gostaria para criar a sua energia de manifestação, de felicidade?

ORAÇÃO - ANCORANDO A SINTONIA
COM O SEU VERDADEIRO EU
Pai,
Se alguma vez me separei de Vossa diretriz, que, a partir de agora, eu possa ancorar a sintonia com o meu EU verdadeiro.
Eu não mais justifico os meus erros, mas vivencio a minha verdade na luz do poder infinito que reequilibra a energia da compreensão na chama do amor.
A partir deste instante, eu aceito ser feliz.
Eu aceito criar e manifestar a minha felicidade e abundância na luz do amor infinito e na chama crística da perfeição.
Amém.

Fé

Quando pensa em Jesus na Cruz, o que lhe vem à mente? Tristeza, sofrimento, dor e sacrifício, não é mesmo? Pois foi isso o que ficou gravado no inconsciente coletivo: que é normal sofrer, fazer sacrifício, para um dia, talvez, na vida eterna, poder ser feliz ou ter alguma coisa.

Mas a mensagem da crucificação de Jesus é outra, exatamente o contrário dessa mensagem de dor. A verdade é que Jesus venceu a cruz e a chamada morte, iluminou-se e encontrou o seu próprio caminho porque não acreditou no limite da morte nem da dor, mas, sim, na energia da imortalidade, da abundância, da plenitude e da magnitude maior do poder.

Estamos vivendo justamente o momento de transmutar a imagem de dor e limite de Jesus crucificado, assumindo compromisso com o nosso EU, com a nossa verdade e com a nossa irradiação de vida. Quanto mais pessoas transmutarem a imagem da crucificação, mais rapidamente encontraremos a nossa sintonia no poder de criar, porque essa imagem ficou gravada no inconsciente coletivo da humanidade há mais de 2 mil anos, desde a passagem de Mestre Jesus na Mãe Terra, quando, na verdade, o que devia ficar gravado é o que esse grande Mestre da Luz trouxe verdadeiramente para a humanidade: o Milagre da Vida através do Caminho da Verdade e do Amor Incondicional. Entretanto, quando falamos em Jesus, a primeira imagem que vem à mente é a da Crucificação e não a da Ascenção, da Vitória e do Amor.

Quanto mais pessoas escolherem limpar essa imagem de dor da própria mente e do inconsciente coletivo da humanidade, mais rapidamente viveremos em harmonia e sem sofrimento.
– Como você está em relação à sua fé?
– Em quem você tem fé: nos outros ou em si mesmo?
– Como você se sente em relação à energia de fé?

Pense sobre isso...

UM EXERCÍCIO

Sugiro que você leia todo o exercício antes de iniciá-lo, e se puder gravá-lo, melhor, assim você poderá ouvir as instruções e realizá-las de olhos fechados.

Vamos fazer uma projeção astral. Visualize seu corpo voando, voando, voando, voando bem rápido. Voando para fora da sua cidade... para fora do seu país... voando pelo sistema solar. Escolha um planeta ou outro corpo celeste para aterrissar, e quando chegar ao local escolhido, ajude alguém que você saiba que está precisando de ajuda.

Coloque esta pessoa à sua frente, dê a ela tudo de que ela precisa, abençoe este momento e agradeça a Deus pela oportunidade de ajudar alguém.

Envolva toda esta situação em Luz e retorne voando... voando... voando de volta pelo espaço, entrando no planeta Terra, entrando em seu país, entrando em sua cidade, entrando em seu corpo... Respire.

Avalie a atividade – *Você conseguiu viajar para algum lugar? Conseguiu projetar o seu pensamento? Projeção de pensamento é viagem astral... Quando você pensa, já foi. Quando pensa na China, já foi para a China, deslocou seu pensamento até lá. Então, você conseguiu se projetar em algum lugar e ajudar alguém?*

Vamos, agora, nos projetar em outro lugar. Respire profundamente. Sinta-se conectado com o seu coração e visualize seu corpo voando, voando, voando, voando bem longe da cidade... do país... do planeta Terra... Procure outro lugar em nosso sistema solar para aterrissar.
Agora, ajude a você mesmo. Faça tudo por você: ajude-se, renove-se em luz, agradeça e comungue com Deus esse momento de plenitude, harmonia, força, verdade e integração com o Poder Supremo da Luz.
Abençoe este momento e retorne voando... voando... voando de volta para a sua casa. Respire.

Avalie a atividade – *Você conseguiu se projetar para algum lugar? Conseguiu ajudar a si mesmo? Foi mais fácil ajudar o outro ou a si mesmo? Em geral, é mais fácil ajudar o outro, porque não achamos que somos merecedores de bênçãos. Nosso pensamento comum é "Quando a esmola é demais, o Santo desconfia".*
Essa frase está gravada no inconsciente coletivo da humanidade, que é a soma de nossos pensamentos e escolhas de todos os dias, assim como outras frases, hábitos, condicionamentos e escolhas do passado.
Todas as pessoas merecem tudo de maravilhoso, mas não acreditam nisso, porque, em geral, sintonizam a egrégora do inconsciente coletivo, na qual o sofrimento, a dor e o limite estão gravados há mais de 2 mil anos, desde a passagem de Mestre Jesus na Terra e a sua Crucificação. Já comentei isso antes e repito: quando pensamos que nunca realizaremos nossos desejos, já que Jesus, que é Filho de Deus, sofreu tanto e morreu na cruz, estamos tendo um pensamento negativo e nos colocando em posição de inferioridade, o que não é verdadeiro.
Portanto, precisamos transmutar este conceito errôneo agora, com urgência.

Sempre que você precisar de algo, projete-se para fora da Mãe Terra... Por que para fora da Terra? Porque o sofrimento, a

dor e o limite estão ancorados no inconsciente coletivo da Terra; porque, ao acordar, a maioria das pessoas, em todos os países, já acorda pensando em problemas e preocupações ao invés de sintonizar o elo de sua alma com o poder de Deus.
Temos de escolher estar fora dessa energia.

Para manifestar o milagre, você tem de projetar sua intenção e seu pensamento para fora do inconsciente coletivo do mundo, e uma maneira de não permitir que as energias nocivas, criadas no turbilhão de preocupações diárias do inconsciente coletivo da humanidade, atuem em nossa vida diária, é fechando-nos em nossa Luz (veja as orientações para esse procedimento na página 21).

Então, de manhã, ao acordar, feche-se na sua Luz e fique sintonizado somente na sua energia, sem atrair as escolhas equivocadas do inconsciente coletivo da humanidade para a sua vida, porque não há nenhum problema em querer ser feliz, próspero, realizado, saudável e pleno. São as atitudes, as intenções, as escolhas conscientes e a Sintonia no Poder de Deus que farão nossos sonhos se tornarem realidade e nossos Milagres acontecerem.

Segurança
– O que falta para você se sentir seguro, agora?
– Pense em algum problema que queira resolver e reflita: você está criando algum tipo de resistência em relação a esse problema ou o está aceitando como uma forma de aprendizado e um processo de autocura, de equilibro, de poder e de luz?
– Ouça a voz de Deus em você, manifeste uma nova energia, sinta a solução do problema no momento presente. Então, pense: será que você está mais centrado na resistência, na cura do problema, ou está aceitando o que Deus oferece como oportunidade de crescimento?

Medite um pouco sobre o tema...

Aceitação

- De que forma você aceita os seus bloqueios, os seus problemas, as suas energias de limite; a irradiação que, hoje, faz parte da sua existência?

> *Sinta o EU Crístico.*
> *Sinta o EU verdadeiro.*
> *Sinta a energia do Amor.*
> *Sinta a Força Crística da Paz.*

- Será que você aceita tudo o que acontece em sua vida?
- Diante de algo negativo ou inesperado, você se pergunta o que tem de aprender com aquilo ou reclama da situação, que, de alguma forma, foi criada por suas energias e escolhas, conscientes ou inconscientes?
- Você consegue vivenciar o eterno agora ou está ligado em outra sintonia de tempo, isto é, no passado ou no futuro; no "daqui a pouco" ou no ontem?
- Você consegue colocar sua atenção neste instante, no momento presente, no Eterno Agora?

Segurança

- Como você está em relação a sua segurança?
- Onde você encontra a âncora que o faz se sentir seguro?

Sobrevivência

- Como você está em relação a sua sobrevivência?
- Você tem tudo de que você precisa?
- Conscientemente, o que você escolheria agora?

Arriscar-se

A mente humana tem um potencial ilimitado, muitas escolhas estão à nossa disposição, mas poucas vezes nos arriscamos.

- Quando foi a última vez que você se arriscou a fazer alguma coisa?

– Será que você vive mais centrado no medo ou mais centrado no amor?

Pense na palavra "mudança". Reflita sobre o que está mudando para você, hoje, na sua vida.

Segurança
– O que você precisa, ou como você se sente em relação à sua segurança?

Projete-se naquele campo verde, cheio de flores, e vá andando, andando, andando, até chegar no final. No final, um abismo: pula ou para?

Flexibilidade
Essa é uma palavrinha da qual muita gente quer fugir, mas não dá. E não dá porque estamos em um momento de centrar nossa atenção na energia do nosso poder, na irradiação da nossa força e no compromisso da nossa alma e da nossa vida. No Oriente, diz-se que devemos ser como o bambu, que, na tempestade, se curva, mas não quebra. E passada a tempestade, os raios e os trovões, ele volta a ficar em pé, inteiro.

– Você é flexível?
– Você se descontrola com pequenos problemas?

Quando nos deparamos com um problema que não conseguimos resolver, a melhor atitude seria dizer: "Ok, tenho um problema. O que preciso aprender com ele?". Mas, em geral, nossa atitude é oposta: reclamamos, xingamos... Temos uma atitude de autopunição, que bloqueia absolutamente todas as possibilidades de solução. Estamos tão mal acostumados a analisar, que entramos direto na sintonia da energia do inconsciente coletivo e ficamos pensando que não somos merecedores de nada e perdemos tempo tentando analisar o problema e criar explicações, mas é tudo ilusão. Fazer isso não resolve, porque não fizemos o que deveríamos ter feito.

O Milagre está no momento presente, no agora.
Não conseguimos mudar o passado. Ok. Mas conseguimos criar um novo futuro. Quando acordou, hoje, você fez uma porção de coisas, e não dá mais para mudar o que já fez. Mas é possível mudar o que vai fazer amanhã, por isso você está fazendo o Curso em Milagres, celebrando a vida a partir de novas escolhas, vivendo o amor, a luz e a paz planetária, Graças a Deus.

Quando tomamos consciência de algo que já não serve mais ao nosso propósito e amadurecemos com nossa nova escolha, estamos curando o poder abusivo. Testemunhamos pessoas que querem fazer guerra, não conseguem manter essa energia, porque tem muita gente encarnada que não acredita mais na disputa e na guerra para se conquistar alguma coisa e ser feliz. Não faz sentido uma pessoa do Terceiro Milênio ainda estar na sintonia da raiva e de manipulação. Estamos vivendo uma mudança de Consciência. Se estivéssemos na Idade da Pedra, ainda faria sentido, mas estamos no século XXI.

Hoje, temos tantas oportunidades de viver melhor, com tanto avanço científico e tecnológico, tantas maneiras de viver bem; então, todo mundo que está vinculado ao que não condiz com o vocabulário de Deus, não está conseguindo se firmar. E ainda bem que isso está acontecendo, porque essa é a artimanha do ego-personalidade.

E a pergunta aqui é: como é que se cura o ego-personalidade? Não dá para pôr ele para dormir eternamente; o ego-personalidade é a escolha do ser humano e é também a chave para a nossa Maestria. Quando transmutamos o ego conscientemente e vivemos em sintonia com a Mente Crística e com o Poder do Espírito Santo em nós, manifestamos Milagres.

Quando Deus criou o homem à Sua imagem e semelhança, deu a ele um presente, o livre-arbítrio, que é o poder de escolha. E o homem, escolheu o Ego, que quer ser mais que o próprio homem. O reflexo dessa escolha incutida no inconsciente coletivo da humanidade é o que estamos vivenciando hoje, essa disputa abusiva e manipulativa na família, na sociedade, no planeta... A transmutação do ego-personalidade é a força que harmoniza a energia da Consciência Crística, do poder absoluto individual.

Paz
– Você se sente em paz?

Ilimitado
– Você sente que é ilimitado?

Você é aquele que torna possível que os seus sonhos se tornem realidade, se você assim quiser. Tudo o que precisa fazer é mudar o seu pensamento e servir a Deus e não ao ego-personalidade que tem medo. Quando serve a Deus e se une à energia do amor, você se sente seguro. E quando você se sente seguro, consegue voar sobre o abismo. Neste momento, então, você ousa ver o que a vida lhe oferece.

Estamos vivendo um momento energético único. Temos de acompanhar a energia da Mãe-Terra, que está sofrida. Ao mesmo tempo, a Mãe-Terra está liberando uma força incrível através dos elementos da Natureza, e são os elementos que curam: o Fogo, a Terra, a Água e o Éter. Reverenciar o elemento Fogo é poderosíssimo, é a transmutação da dor, do limite e do sofrimento humano e a força que atrai a energia da abundância, porque Fogo é abundância, é purificação, é a alteração do processo da energia da vida.

Nós podemos fazer a diferença em nossa vida, basta saber arriscar no momento certo, em sintonia com elementos da Natureza, principalmente com o elemento Fogo, com a nossa intuição e com Verdade.

REFLEXÃO 1
Você está diante de uma praia maravilhosa, vendo várias pessoas surfando. De repente, vem uma onda enorme... O que você faz:
(1) Pega uma prancha, entra na água e surfa junto? (2) Espera a onda passar para depois entrar na água? (3) Fica na praia vendo os outros surfarem?

*A alternativa escolhida é a que lhe dá mais segurança.
Então, reflita: como você está em relação a sua Segurança?*

A felicidade é aquilo que você quer que ela seja. Seus relacionamentos e a sua realidade são construídos por suas crenças, por suas escolhas a cada minuto, porque temos poder e damos poder a tudo o que está em nossa vida: pensamentos, alimentos que ingerimos, roupas que usamos, situações e relacionamentos em que nos envolvemos, meios de comunicação aos quais damos atenção... Quando você muda a sua crença, coloca sua atenção em situações positivas e edificantes, e quando agradece a sua vida, você tem tudo de que precisa para ser feliz.

Mudanças
– Qual foi a última mudança grande que aconteceu na sua vida?
– O que essa mudança lhe trouxe: amor, medo, segurança, felicidade?
– Se pudesse escolher, hoje, o que você gostaria de mudar na sua vida?

A verdadeira transformação começa na energia da alma. Quando cada um se coloca em sintonia com o poder da paz, reencontra a chama maior que abraça a possibilidade de criar o milagre da vida, através de um novo futuro.

Controle
– Quem controla a sua vida: você ou o mundo? Você, alma, ou o ego-personalidade?
– Você é controlado pelo amor, pela verdade, pela eternidade e pela vida ou pelo medo, pelas contas a pagar, pelo sofrimento, pelos problemas e pelas ilusões?
– Quem comanda a sua vida?
– Qual é a voz que você ouve mais: a do seu ego-personalidade ou a da sua alma?

– Se pudesse escolher agora, o que você escolheria para ser feliz?
Aceite esta projeção mental desta resposta como realidade Agora.

– Qual é seu maior dever hoje: com você, com a sua família ou com a humanidade?

Não importa os caminhos trilhados para atingir os objetivos. O que mais importa é aquilo em que você acredita aliado ao que você armazena em seus sentimentos, porque é valorizando o sentimento que você reconhece o seu poder verdadeiro. Nessa sintonia, não existe mais separação da grande realidade e tudo acaba ocorrendo de forma maravilhosa e feliz.

Sentimentos
– Quando está feliz, você sente com intensidade, pensando ou vivendo a felicidade?
– De que parte do seu corpo vem esse sentimento?
– Como é que você extravasa essa felicidade?

Lembre-se da última vez que você ficou feliz, abrace esse momento de felicidade e coloque-o em você Agora. Traga esse momento de felicidade para este momento presente. Alinhe este momento de felicidade, com aquilo que você quer manifestar Agora.

Este é o nascimento de uma Consciência que é a base desta Nova Era. A era da verdadeira comunicação, da comunicação com o mundo físico, com o mundo espiritual, com o mundo mental e com o mundo verdadeiro por meio da Intuição e da Verdade.

ATITUDES QUE CRIAM CULPA 41

A transmutação é fundamental para que cada um entenda o seu compromisso interno e vivencie a energia do espírito, na chama da Verdade e do Amor.

REFLEXÃO 2
Você está, novamente, diante de uma praia maravilhosa, vendo várias pessoas surfando, e vem uma onda enorme. O que você faz: (1) Pega uma prancha, entra na água e surfa junto? (2) Espera a onda passar para depois entrar na água? (3) Fica na praia vendo os outros surfarem? E segurança, como você está em relação a sua Segurança?

Consciente do seu pensamento, busque dentro de você a energia da força do seu compromisso individual, a sua fé e a irradiação de quem você É.
Sinta dentro de você a sua segurança.
O que traz a sua segurança?
Ouça a voz do silêncio.
Lembre-se de que você tem o poder de mudar, e que este é o momento de transformação, de mudança e de novas escolhas conscientes.

Projete-se naquele grande e maravilhoso jardim verde e vá andando, andando, andando até chegar no fim onde há um abismo. Você pula, você para ou você voa?

Segurança. Como você sente a sua Segurança?
Dependência. Você é dependente de alguma situação? Como você cura a dependência?
Sobrevivência. Você tem tudo de que precisa para sobreviver?
Poder. Você vive centrado em seu poder ou está dando o seu poder aos outros?
Fé. Você vive com fé?
Arriscar-se. Quando foi a última vez que você se arriscou?
Flexibilidade. Você está sendo flexível com a sua vida, com o seu eu e em seu dia a dia?

Você está pronto para entrar na verdadeira Era da Comunicação, para comunicar apenas a Verdade e o Poder Consciente?

Capítulo III

Relacionamentos e Família

*Ferramentas de autoconhecimento
e de transformação
de sofrimento em amor*

Os nossos próximos mais próximos são as pessoas com as quais convivemos em outras vidas e cujo carma precisamos transmutar.
– Como você está em relação à sua família?
– Quem abrange a sua família: apenas as pessoas que estão mais próximas a você ou entram também outras pessoas?

Culpa
– Você ou alguém na sua família sente a energia da culpa?
– Como se faz para transmutar a energia da culpa?
– Como se faz para transmutar a energia do aprisionamento?

Segurança
– O que traz segurança a você?
– Você se sente seguro?

Felicidade
– Você é feliz?
– O que traz felicidade a você?

– Como você escolhe a sua felicidade?
– Como você cria condições para alimentar a sua felicidade?

Valor
– O que tem valor para você?
– Você tem tudo de que precisa para ser feliz?
– O que falta para você ser feliz?

Realidade
– Você está vivendo a sua realidade ou a realidade do outro?

Silêncio

Ouça o silêncio por alguns instantes...

Verdade
– Como você está em relação à sua verdade?
– Você vive a sua verdade ou as escolhas do mundo?
– Você vive aquilo em que acredita ou o que a sociedade lhe impõe?

Reflita sobre isso...

Criatividade
– Você está usando a sua criatividade?
– De que maneira você está usando a sua criatividade: com poder, alegria e paz, reescolhendo a energia da sua própria alma e do compromisso com a sua vida?

Relacionamento
– Como você está em relação a todos os relacionamentos?

Arriscar-se
– Quando foi a última vez que você se arriscou a fazer alguma coisa?

Julgamento

A energia do Julgamento entra em ação quando o nosso ego-personalidade começa a racionalizar: isto serve, isto não serve; isto sim, isto não; isto pode, isto não pode; isto é, isto não é. Na realidade, o mundo, hoje, está na energia do Julgamento, que acaba criando guerras, limite, sofrimento, contas a pagar...
– Como se faz para curar o Julgamento?
– O que você pode fazer para curar a sua energia do Julgamento?

Sintonize o Poder de Deus e ancore essa irradiação a partir do seu compromisso com a sua Verdade e o seu Equilíbrio.
Sinta esta Força atuar em você agora. Sinta Deus em você, atuando no mundo através de você. Sinta a sua sintonia com o poder de Deus e o poder do silêncio.

Milagres
– Quando você recebeu um grande milagre?

Capítulo IV

Saúde, Doença e Cura

À luz da fé e da oração

Há pessoas que nascem com doenças crônicas, assim como há aquelas que estão superbem e, de repente, adoecem, e outras, ainda, que criam doenças como forma de autopunição, para acelerar o processo cármico nesta vida. Para cada um desses casos existe uma explicação.

As doenças crônicas são resquícios de vidas passadas que não foram bem resolvidos; as doenças que surgem de repente, pode-se dizer que se trata de um retorno da atitude mental ou da bagagem cármica dessas pessoas; e os casos de autopunição ocorrem porque a Alma, antes de nascer, "escolhe queimar o carma mais rapidamente", assumindo uma doença, em geral, incurável, porque quer se libertar da Roda de Renascimento.

Hoje em dia, muitas pessoas criam seus próprios problemas por não se sentirem confortáveis na situação em que vivem. É muito comum encontrar quem não se sinta confortável no próprio corpo, afinal, somos luz em um corpo físico (muitos de nós viemos de outras formas de evolução); então, quando a alma se sente desconfortável em um corpo, começa a criar problemas e bloqueios, dando origem a doenças.

Dependência química

No campo das doenças, é preciso abordar a questão da dependência de remédio e drogas. Não devemos condenar ninguém nem julgar pessoas que dependem de drogas, de álcool ou de qualquer outra substância, porque, quem usa isso como muleta, é porque não se ama o suficiente, se sente inferior aos outros e precisa de um "reforço" para se sentir amado. Algumas pessoas já nascem com essa predisposição: estão em uma família estruturada, têm de tudo e, mesmo assim, precisam de uma muleta para sobreviver. Isso acontece, em geral, porque a alma dessas pessoas é mais sensível e acaba atraindo, do inconsciente coletivo, a energia da egrégora que está sofrendo. Então, a pessoa começa se drogar... Faz isso um dia, dois dias, e acaba se drogando pelo resto da vida.

Como se lida com essa situação? A dependência é causada pela falta de amor, logo, a sugestão é prestar solidariedade à pessoa por meio de aconselhamentos, de estímulo, para que frequente grupos de apoio, e sendo verdeiramente "amigo", oferecendo-lhe amor, pois é o amor que cura tudo.

As chaves da cura

O perdão – perdão ao desperdício, ao abuso da energia no passado – é uma das chaves que curam toda a energia do planeta, trazendo a abundância. Outra chave da cura é a Oração.

Para se curar uma doença é preciso chegar perto de Deus por meio da Oração e da Sintonia de Paz e de Entrega, aceitando que tudo é aprendizado e que, quanto mais rapidamente assimilarmos as lições, mais rapidamente acontecerá a cura. Então, por que esperar por uma situação de desespero, quando se tem um problema para resolver, para aproximar-se de Deus? Não seria muito mais simples sentir Deus como parte integrante de todas as situações da vida?

Sinta o poder de Deus nessa sintonia de segurança, de silêncio mental, da sua energia de alma em seu compromisso de vida.
SINTA DEUS DENTRO DE VOCÊ em todas as partes do seu corpo e em todos os momentos, principalmente nas situações em que

precisar de cura. Sinta que Deus transforma e dá a você o Poder Ilimitado. Sinta que Ele é a chave que cura a sua vida. Que você possa reencontrar a sua força de recuperação e cura por meio da energia da juventude, do amor, da proteção e da vida.

Respire e sinta Deus em você. Preencha todas as células, moléculas, músculos, órgãos e todo o seu corpo com o Poder Supremo de Deus.

O Poder da Oração

A oração é a única forma eficiente para que você reencontre o seu caminho, sem culpa de cumprir a sua felicidade. A Oração já conhecida carrega uma egrégora de força. Quando uma pessoa ora o Pai-Nosso, a Ave-Maria, a Grande Invocação ou outra Oração de Poder, ela puxa do inconsciente coletivo as vibrações armazenadas de todas as pessoas que um dia fizeram a mesma oração, portanto, a intensidade da oração é enorme e beneficia muito quem está orando naquele momento.

ORAÇÃO – MOMENTO DE ESCOLHA
Pai,
Que, a partir deste instante, eu viva a felicidade,
a saúde e a perfeição.
Compreendo que este é o meu momento de escolher novamente, e eu escolho a porta da Unidade, do Amor Incondicional e da força da minha própria energia de vida.
No compromisso com o meu EU,
reavalio o poder da minha fé.
A partir de agora, sinto-me seguro na energia que emana da força que Eu Sou, em sintonia com meu livre-arbítrio.
Estou apto a receber a cura.
Eu Sou o poder da cura em ação.
Não mais duvido nem tenho medo.
Eu Sou o poder da força maior que manifesta o possível.

*Na irradiação do Eterno, reavalio o meu poder verdadeiro
e caminho na paz consciente, no compromisso único da minha
verdadeira transformação, porque, sendo
Uno com o Vosso Poder, eu aceito a energia da Autocura no
comprometimento com a minha fé.
Amém.*

Saúde
– O que é a saúde para você?
– Você se sente física, mental, emocional e espiritualmente saudável?
– O que você pode fazer por você, para atingir o equilíbrio da saúde perfeita em todos os níveis?

ORAÇÃO – ACEITANDO O DOM DA CURA
*Pai,
Que, a partir de agora, eu expresse, na Paz, a sintonia que
eleva a consciência da minha alma.
Que eu possa operar milagres nas Bênçãos de Cura, na Força
da Abundância e do Amor Incondicional, na diretriz de um novo
caminho e na chama da perfeição, e na realização individual e
coletiva de uma nova diretriz, em que a Mãe Terra, mais uma vez,
expressa sabedoria por meio do amor incondicional no chamado
único da verdadeira abundância, celebrando a
Unidade da Vida a cada alvorecer.
Eu aceito o dom da Cura.
Eu aceito o dom da Cura.
Eu aceito o dom da Cura.
Eu sou livre para manifestar a minha saúde
plena e perfeita agora.
Amém.*

Segurança
– Você se sente seguro?

Reflita sobre isso...

Mãe Terra
- Será que o mundo agora está vivendo esta energia de segurança na Mãe Terra?
- Quais foram as situações que você desistiu de tentar ultimamente?
- Você queria alguma coisa e, de repente, desistiu no meio do caminho? Por quê? O que o fez desistir? O que interferiu no seu poder, na sua vontade, para que você não manifestasse a sua felicidade e não estabelecesse a energia do amor incondicional e da perfeição?

ORAÇÃO - ACEITANDO DEUS EM VOCÊ
Pai,
Compreendo que meu sofrimento individual e o sofrimento humano são a extensão do potencial da energia da vida. O inconsciente coletivo aponta as diretrizes deste novo momento de escolha.
A partir de agora, eu aceito a minha cura. Eu Sou o poder da minha totalidade que vibra a Vossa Essência de Luz.
Eu reencontro, na energia da minha alma, o compromisso em servir a minha vida e permaneço centrado na irradiação da minha própria força de Deus.
Eu Sou Uno com o poder de Deus.
Amém.

Paz
- Você está em paz?
- De que você precisa para se sentir em paz?
- O mundo está em paz?
- O que falta no mundo para que todos fiquem em paz?

Felicidade
- Você se permite ser feliz ou se sente culpado por ser feliz?
- Você é feliz sendo como é, diferente dos outros?
- Você aceita a felicidade?

– O que é a felicidade?

A maior forma de prece é o reconhecimento de que você é Uno com Deus e com todos os seres. Você não é mais nem menos; portanto, tudo o que você tem foi conquistado por você. Nessa vida e em outras.

Aceite a sua felicidade agora.

Vivemos um momento de mudança, de transformação da energia que não condiz com o que somos e sentimos, e cada um tem de encontrar o seu ponto de equilíbrio, a sua força de amor e o reconhecimento do seu poder dentro da vida.
Escolha Deus e a experiência do amor, da vitória e da abundância; assim, tudo será provido.

ORAÇÃO – RECONHECENDO-SE EM DEUS
*Pai,
Se um dia eu me esqueci de caminhar na força do amor e do
poder verdadeiro, que eu agora reconheça
o potencial da minha fé.
Na luz da paz, que eu seja a expressão
do amor incondicional.
Na percepção verdadeira da sabedoria, que
eu seja o próprio Cristo em ação.
Agradeço as energias e bênçãos recebidas, e sei que, juntos,
podemos operar milagres
no caminho da vida.
Amém.*

Escolhas
– Quais são as suas escolhas?
– O que você tem escolhido ultimamente?
– As suas escolhas vêm da energia da alma ou da irradiação da força da sintonia do ego-personalidade?
– Você aceita o processo interno que reconhece quem você é?

– Você cria e vive outras realidades a partir de novas escolhas?
– Que escolha você faria agora, para si e para o mundo?
  Medite...
Saúde ou doença? É uma questão de escolha do ego-personalidade. Se tivemos uma doença no passado, é hora de curá-la a partir da nossa percepção de união com o poder maior de Deus.

Sintonize-se no poder Supremo de Deus, pedindo a cura do Ego-Personalidade, a cura dos problemas biológicos, mentais, emocionais e espirituais, para que, reconhecendo o Seu poder, você ancore a cura na chama da vida e da fé, na própria sintonia de alma.

Caminhando naquele campo verde... Você anda, anda, anda e, no final, um abismo. E aí? Você pula, para ou voa?

Na praia maravilhosa, várias pessoas surfando e vem uma onda enorme. E aí? Você espera a onda passar para entrar no mar, pega uma prancha e vai surfar com as outras pessoas ou fica olhando os outros surfarem?

Segurança
Não importa o que esteja vivendo, por meio do compromisso com a Verdade, você cria novas realidades tomando decisões de forma diferente.
– Você está pronto para voar como uma águia?
– Em que momento da sua vida você está?

Está na hora de tomar decisões felizes, com consciência, harmonia, felicidade e luz.

Depressão
Depressão, antidepressivos, síndrome do pânico... Tudo isso virou uma epidemia mundial, porque o medo fez essas energias ficarem gravadas no inconsciente coletivo da humanidade. E o

que é o medo? Medo é justamente quando estamos desabastecidos da energia do amor, quando nossa alma não está preenchida com valores humanos e íntegros.
Respire fundo e relaxe.
Interrompa a leitura por alguns segundos e feche os olhos, percebendo como é confortável essa nova irradiação.
Perceba-se mais próximo da sua energia, da sua Luz.
Registre esse momento em sua mente, e quando você precisar de PAZ nos afazeres do dia a dia, retorne a este momento, a esta sensação de Paz e Suavidade.

Precisamos nos preencher em luz, em força, em energia de alma e em compromisso de vida todos os dias. Não podemos nos permitir acordar de manhã, já atrasados, e sair de casa correndo para não perder hora, sem fazer uma pausa para sintonizar o Poder de Deus e visualizar nosso corpo envolto em Luz... Quando nos sintonizamos com a harmonia, tudo em nossa vida acaba se organizando de uma forma mais plena, mais calma e mais feliz.

O plano espiritual indica que temos de nos arriscar mais, sem medo, para sermos felizes.

O medo é o maior obstáculo para tudo o que queremos conquistar na vida. É ele que abre a porta para aquela energia que não quer que você saia do lugar. E como é que sabemos se estamos sintonizando o botão do medo ou o do amor? Isso se aprende no dia a dia, com a prática diária da meditação, do silêncio mental, da oração e da busca por sentir-se confortável consigo mesmo todos os dias e em todas as situações.

Síndrome do pânico
É um buraco, um vazio que se aloja no centro do peito, como reflexo do medo de todas as pessoas do mundo. Ser bem-sucedido financeira e emocionalmente não livra ninguém dessa sensação de vazio, que pode atingir qualquer pessoa que não consiga se sentir preenchida em Luz nem consiga estabelecer uma conexão com Deus. E isso não se aprende na escola, mas no curso da vida, tanto que, a certa altura da vida, muitas pessoas olham para trás e

dizem: "Mas isso era tão simples; como eu não aprendi a estabelecer essa conexão antes?".

Nas próximas gerações, as pessoas sofrerão menos que nós, porque já terão aprendido muitas ferramentas de autoestima e de cocriação da felicidade a cada dia. E será assim, porque, à medida que cada um de nós aprender a conectar-se a Deus e der um passo rumo à felicidade i dividual, o inconsciente coletivo será fortalecido em Luz, de modo que as gerações vindouras perceberão mais facilmente que a vida pode e deve ser diferente. Perceberão mais facilmente que Deus não criou um mundo de problemas, mas sim um mundo de Perfeição, e que as confusões e energias distorcidas que hoje enfrentamos são criações do ego-personalidade, por meio do livre-arbítrio humano. Fazendo melhores escolhas conscientes, seremos exemplos vivos para que outras pessoas possam enxergar a vida de forma diferente e se fazerem felizes todos os dias.

Como preencheer este vazio que causa a Síndrome do Pânico? Sentindo e aceitando Deus em nós. Sentindo que Ele não está lá, no além, distante... Sentindo que tudo é uma mesma energia e que temos de buscar essa nova irradiação e, com sabedoria, força e amor incondicional, deixar que ela nos preencha.

ORAÇÃO – O CAMINHO DE DEUS
O caminho de Deus é o caminho da força, da verdade, da vida,
da ressurreição e do milagre que se renova.
Confie em você e confie em Deus.
Pai, quando eu não souber o caminho, que Vós possais me
apontar a diretriz apropriada para que eu atinja a
determinação de continuar sendo a expressão da
Paz e do Milagre que se renovam, sendo um exemplo vivo do
Vosso Poder e Amor Incondicional.
A partir de agora, que todos os meus objetivos sejam
atingidos, a partir do compromisso com minha alma, com alegria, amor e Luz.
Amém.

Capítulo V

Religião e Espiritualidade

Reflexos da luz da sua alma

A Luz é a Sua Religião Verdadeira.
Você é Luz.

Lembre-se de que você tem o seu templo no coração e o Amor é a sua linguagem verdadeira.

Hoje, de acordo com o Plano Espiritual, a maioria das escolhas que fazemos são baseadas em sugestões apresentadas nos meios de comunicação. Por quê? Porque nós, como seres humanos, em vez de assumir nosso poder individual e viver a nossa vida, fazendo nossas escolhas de maneira consciente, preferimos dar mais atenção ao que os outros estão fazendo; projetamo-nos na realidade de outras pessoas e, assim, damos o nosso poder aos outros.

Nós temos Poder e damos Poder a tudo o que pensamos, lemos, falamos, vestimos, comemos...

Estamos vivendo um momento de escolha consciente. Por que estamos vivendo aqui na Terra? Para manifestar a energia da luz, da felicidade e do amor a cada dia, por meio do nosso livre-arbítrio, e não para dar o nosso poder aos outros.

Quando mudamos a nossa mente, mudamos a nossa vida. Quando mudamos a energia do nosso EU, alcançamos tudo de que precisamos para ser felizes. Justamente agora, estamos vivendo a oportunidade de exercer o nosso poder individual: poder de criar, poder de educar, poder de escolher. Vamos viver a nossa espiritualidade no mundo agora.

Todos merecem viver com felicidade. Todos. É uma questão de parar de caminhar na ilusão do ego-personalidade e de passar a caminhar juntos, na força do eterno amor e do respeito por nós mesmos, em primeiro lugar, e por todos os que convivem conosco em nossa realidade na Mãe Terra.

Religião deve ser a nossa conduta diária, vinte e quatro horas por dia, qualquer que seja o Templo que frequentemos e qualquer que seja a forma escolhida para reverenciar Deus por meio das diferentes Religiões que hoje existem em nossa Mãe Terra.

De nada adianta frequentar um local sagrado uma vez por semana e agir de maneira incoerente nos outros dias.

Vivendo de bem com a Vida, com discernimento e sabedoria, e reconhecendo que somos seres sagrados, criados pelo Poder Supremo de Deus, temos a oportunidade de melhor exercer a nossa Verdadeira Espiritualidade, que é o resultado de nossas percepções e de nossas melhores escolhas conscientes a cada dia.

Quer um exemplo de exercício do ego que conduz à sabotagem, ao controle e à manipulação? O vírus de computador, criado pelo ser humano! O computador é uma ferramenta incrível, que faz a vida ficar mais fácil e é muito útil em todos os segmentos da sociedade, mas uma mente confusa decidiu atrapalhar esse processo e resolveu criar o vírus... Este é o melhor exemplo que encontrei de uma mente dividida entre o medo e o amor, entre o ego-personalidade e o Poder da Luz de Deus em ação, que é a mente da maioria de nós. Por isso, enquanto não crescermos o suficiente como seres humanos e começarmos a agir com mais Consciência, ficaremos reféns das artimanhas do ego-personalidade, presos na ilusão de situações que não pertencem ao mundo de Deus.

Quando a mente está dividida, não conseguimos preencher nossos dias com situações e energias que conduzem à Felicidade. Então, o que fazer para curar as escolhas equivocadas de destruição? Fechando-se em Luz, pedindo proteção ao Arcanjo Miguel, vigiando os pensamentos e vivendo em comunhão com o Poder de Deus a cada dia. A nossa alma sempre escolhe a Unidade, o Amor, a Força e a Manifestação de nossos ideais. Nós podemos escolher a energia do amor, da paz e do equilíbrio, da ressurreição do limite, da dor e do sofrimento, da força do milagre, de tudo o que queremos e da abundância, para todos. É tudo uma questão de escolha consciente e de Sintonia.

Não devemos criar resistência em relação ao Ego quando ele quiser atuar, mas podemos ouvir nosso Eu Verdadeiro e segui-lo, em sintonia com a nossa honestidade e a nossa verdade, sabendo que o Ego existe, mas que ele não exerce poder sobre nossas escolhas mais lúcidas.

Arriscar-se
– Você se lembra de quando foi a última vez que se arriscou a realmente fazer alguma coisa grande?

É importante estar em sintonia com o seu propósito da alma e não com a realidade do eu-mental. Coloque-se em sintonia com o poder do seu coração, agora.

Respire, sentindo a energia do seu EU *na força do seu Cristo interno. Agora, sinta:*
– o poder da sua alma,
– a força da sua transformação,
– a sua nova realidade,
– a sua atitude de querer mudar,
– a sua escolha consciente na experiência da sua NOVA *vida.*

ORAÇÃO – REENCONTRANDO O CAMINHO
Pai,
Se, no passado, eu me confundi, que agora eu reencontre meu caminho. Que, na luz do eterno agora, eu manifeste a chama da verdadeira escolha.
Que, a partir deste instante, eu seja o poder da expressão crística da minha verdade e, no silêncio, eu comungue com a energia maior do amor infinito, para que, juntos, possamos ser a expressão do dom da Luz, na força Crística da Unidade do milagre e da abundância, da autocura e do poder maior.
Amém.

Sinta a sua luz: de onde ela vem? Sinta o som do silêncio.

Segurança
- Você se sente seguro? O que lhe falta para isso?
- Você tem tudo de que precisa para ser feliz?
- O que é riqueza para você? Você se considera rico? O que falta em sua vida que a riqueza possa trazer?

Escolha, conscientemente, a energia da simplicidade em sua vida.

ORAÇÃO – ACEITAÇÃO DO CAMINHO
Pai,
A partir deste instante, eu aceito caminhar com consciência, no reconhecimento maior do poder da minha alma.
Comprometo-me a vivenciar a luz, a ser uno com o poder crístico de Deus e a valorizar a minha escolha.
Comprometo-me a perdoar o meu passado, a ser uno com o poder da aceitação sem julgamento, a ser forte e a aceitar a luz maior no reconhecimento da mudança, na chama da perfeição e na luz do poder da minha segurança interna.
Pai, lembrai-me todos os dias de que Eu Sou o Poder da manifestação em ação, de que Eu atinjo a concretização da minha felicidade e de que Eu Sou o potencial da bênção e reconheço a

> *energia da Unidade da Vida por meio da abundância,*
> *da saúde e do amor.*
> *Amém.*

Poder
- Onde está o seu poder?
- Como o mundo está, hoje, em relação à energia do poder?
- Como estão os seus relacionamentos familiares, profissionais e afetivos? E o relacionamento com você mesmo?
- Poder, segurança e silêncio. Qual o significado dessas três palavras para você?

Eterno
> *Você é eterno. Sinta-se eterno. Sinta o poder do amor de Deus em você. Sinta o poder do eterno em você. Sinta a transformação que ocorre em você agora.*

- Agora, neste momento, que escolhas você faria para si mesmo e para o mundo?

Visualize o planeta Terra envolto em um grande arco-íris de luz, na força, no poder e na bênção dos sete raios, azul, dourado, rosa, branco, verde, rubi e violeta, para que todos os seres recebam as energias maiores de Paz e que, juntos, possamos criar uma nova Consciência de Unidade e de respeito aos Valores Humanos, a partir da sintonia da nossa intuição e amor.

Projete essa irradiação de Luz a todos os seres dos reinos mineral, vegetal, animal e hominal.
Sinta o poder de Deus em você. Sinta o poder da sua alma, que escolhe a felicidade, a segurança, a abundância, a plenitude e a paz.

ORAÇÃO – UMA NOVA ESCOLHA

Na chama crística da perfeição, eu reconheço que sou ilimitado e não mais sofro com as dores do mundo. Eu Sou o poder de atrair a energia da abundância, da saúde, da cura, da fé e da mudança da minha realidade. A partir deste instante, caminho na chama crística da perfeição, sem sacrifício. Removo, neste momento, os bloqueios da minha visão interna.

Que, a partir deste instante, eu possa continuar voando cada vez mais longe, distante do ego-personalidade, reconhecendo todo o Poder do meu Eu Verdadeiro, na aproximação com o poder do Espírito Santo, centrado na Força de Deus. E, nesta força sagrada, reconheço o poder do amor incondicional, a chama crística de uma nova visão, a energia do amor e da paz, a força da perfeição de Deus que renasce e a luz do poder da fé que revigora o espírito, para que eu possa criar uma nova humanidade a partir do milagre da vida, na luz e no poder da minha vontade individual.

Aceito, à partir de agora, o processo de uma nova escolha. A escolha consciente, a escolha que não mais briga com as ondas de mudança. A escolha que aceita, com gentileza e suavidade, a força do amor incondicional em ação nas bênçãos de Deus Pai-Mãe, que atua em todas as circunstâncias da minha vida agora.

Permito mudanças conscientes em minha nova realidade e caminho com dignidade no processo da autocura, da autoaceitação e da plenitude, experienciando o amor incondicional e a chama maior de Deus Eu Sou em ação.
Amém.

Capítulo VI

Viva e Crie Sempre o Amor e a Paz

Em sintonia com o Poder de Deus, abrindo-se para receber as bênçãos do Universo todos os dias

– Você se sente vivo?
– O que é vida para você?
– O que falta na sua vida?

Acredite em seu poder eterno, na força que revive suas moléculas, células, átomos e órgãos para que você seja a chave deste novo processo de alinhamento da humanidade, no qual cada um assume o seu papel e o compromisso de vivenciar a plenitude no amor e na Chama Crística da perfeição.

Não fique em casa, sentado, esperando o tempo passar. Este é o momento da verdadeira comunicação. Aja. Faça a sua parte. Participe deste momento planetário. Arrisque-se. Prepare-se para continuar consertando a sua vida ouvindo a voz da sua alma. Esta é a hora da grande mudança, e nem todos estão preparados para enfrentar desafios.

Coloque-se em sintonia apenas com o seu poder pessoal. O seu único dever na Terra é ser feliz – se você não estiver feliz, não estará cumprindo o seu dever. Deus não impõe obrigações; estas são designadas pelo ego. Então, é hora de você mudar a forma como direciona a sua mente e as suas escolhas para que a sua Vida seja mais suave e plena de realizações.

Cumprindo o seu objetivo de vida, por meio da sua alegria, você caminha no amor incondicional; a sua responsabilidade deixa de ser um peso, passando a ser uma forma alegre de vivenciar a sua maneira particular de expressar a sua verdade na irradiação da Trindade maior da Unidade de Deus.

Viva o eterno agora, com consciência.

Não se sinta um estranho em manifestar milagres, porque você está na Terra para atrair e criar Milagres.

Não desista de seus sonhos. Lembre-se de que, hoje, você vive porque alguém o projetou em pensamento. Projete em seus pensamentos aquilo que você quer viver para si e para os outros; assim, você também estará criando uma Nova Terra. É hora de você assumir o seu papel como um grande operário de Deus, que manifesta milagres a partir de seus relacionamentos diários. Descubra o seu potencial e caminhe com alegria e com consciência com todos aqueles que, antes de encarnar, você escolheu para estarem ao seu lado nesta encarnação. Simplesmente, diga a si mesmo: "É hora, sim, de ser feliz!".

CONSAGRAÇÃO
NAS BÊNÇÃOS DO MILAGRE
QUE SE RENOVA A CADA DIA

Pai,
Se um dia tentei controlar a minha vida na sintonia do ego, que agora eu transmute essa percepção e me entregue ao poder maior do milagre que surge no meu compromisso com a minha Verdade. A partir deste instante, Eu Sou uno com o poder do amor infinito. Eu aceito o possível e o impossível. Eu escolho e aceito o Ilimitado. Eu Sou o poder da escolha em ação. Eu sei que no mundo tem muitos interesses criados pelo ego, mas, a partir de agora, coloco-me em sintonia com o poder da minha verdade em ação. Reescrevo a minha própria história, no alicerce motriz da expressão do amor e na chama da minha própria ressurreição do limite, da dor e do sofrimento, cocriando a minha felicidade. Não

mais criarei situações ilusórias. Aprendo a caminhar alinhado ao meu Cristo interno manifestando o meu poder ilimitado. Sei que mereço ser feliz. Em sintonia com o registro akáshico em minha mente, liberto toda a abundância que a vida queira me oferecer. Eu Sou uno na eterna glória com todas as forças que restabelecem o tempo apropriado para o grande despertar da humanidade. Eu Sou feliz na reestruturação de todas as vozes e escolhas do meu passado, na união de todas as forças da Natureza, na irradiação que ancora o poder absoluto e na verdade crística do mais puro amor incondicional.

Em um mundo de culpa e sofrimento, eu assumo a minha postura de caminhar e ensinar um novo caminho, sendo o exemplo vivo e assumindo a responsabilidade perante minha vida individual. Entendo que "responsabilidade" é a habilidade que tenho em responder às oportunidades que a Vida me oferece a cada dia. Eu Sou o protótipo de uma nova realidade na Terra. Eu reconheço o meu poder. Eu Sou um ser consciente. Caminho com segurança. Não acredito mais na violência.

Sou firme como uma rocha.

Ofereço as minhas experiências ao mundo e começo agora a caminhar, a partir do meu compromisso de alma, transformando a minha vida na energia da Trindade, nas bênçãos do Pai, do Filho e do Espírito Santo, com alegria e amor incondicional. Aceito a perfeição e a energia da abundância, a força da realização de meus sonhos e a energia da Paz. Caminho com alegria na irradiação da minha sanidade mental e na voz do silêncio.

Eu Sou Uno no poder maior da criação de Deus. Que a força do milagre da vida seja a expressão da minha ressurreição eterna. Eu Sou o espelho sobre as águas calmas. Um retorno à sintonia do amor.

Visualize, acima da sua cabeça, um grande sol dourado que ilumina e abençoa no poder de uma nova consciência de Paz, com discernimento, sabedoria, iluminação.

*Abra o seu coração em um grande sol rosa, na chama que
irradia amor incondicional
a todos os seres em todos os reinos: vegetal, mineral, animal e
hominal.
Projete amor ao centro da Mãe Terra, ao espírito Gaia e a
todos os seres elementais da natureza: fogo, terra, ar, água, éter.*

Capítulo VII

Um Novo Despertar por meio do Espírito Aloha

O verdadeiro espírito dos milagres

Neste momento tão importante e diferente que vivemos – mudanças vibracionais e energéticas, entradas de energias eletromagnéticas, alinhamento do planeta com o centro da galáxia, mudança do eixo terrestre, eclipses e diferentes sinais no céu, aproximação da Terra ao nosso Sol –, precisamos estar em harmonia com os Elementos da Natureza.

 O Mestre Lemuel é o Ser responsável pelos Elementos da Natureza: Hélios e Vesta, do Fogo; Virgo e Pelleur, da Terra; Aries e Thor, do Ar; Netuno e Lunara, da Água. Temos ainda Gaia, o espírito da Mãe Terra, que fica no centro de nosso planeta, conduzindo o magma e a Luz. Shamballah também foi estabelecida no centro do planeta por Sanat Kumara, que veio de Vênus trazendo a Chama do Amor Incondicional, foco de Luz da Grande Fraternidade Branca para a Mãe Terra.

 Por conta das vibrações em nosso Sistema Solar, do término do ciclo do sofrimento, da dor e do limite na Terra e do início de uma Nova Era de Abundância, Plenitude e Paz para todos os Seres, as placas tectônicas estão se mexendo de forma diferente.

O mapa, a seguir, mostra o Anel de Fogo na Mãe Terra, no qual os pequenos triângulos escuros representam os vulcões dormentes ou em atividade que, literalmente, circundam todos os continentes.

Desde 2004 eu rezo nesta imagem todos os dias, focando principalmente o vulcão mais ativo na Mãe Terra hoje, o Kilauea, que fica no Parque Nacional dos Vulcões, na Ilha Grande do Hawaí.

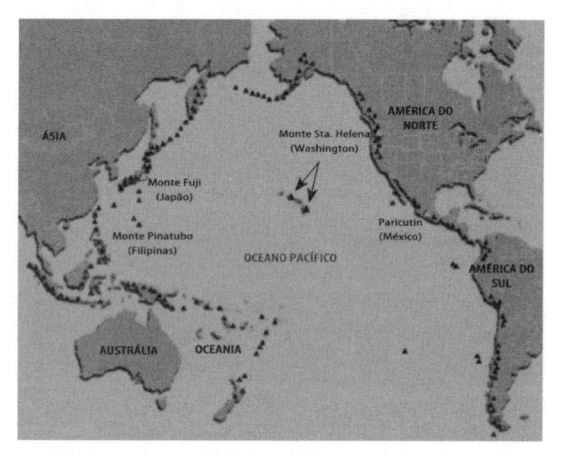

O Anel de Fogo

O Ser responsável pelos vulcões é Madame Pele. Ela é a Deusa dos vulcões reverenciada pelos povos da Polinésia e do Pacífico, mas, na realidade, Seu poder se estende a todos os vulcões da Mãe Terra. O vulcão Kilauea e a cratera de Halemaumau são os locais geográficos que, hoje, expurgam e transmutam o sofrimento humano no Planeta. Desde que estive lá, em 1985, falando em uma conferência sobre Seres Elementais da Natureza, aprendi a respeitar e a reverenciar os Seres Elementais, os Devas, as Ondinas, os Silfos... Enfim, entendi que tudo é uma única família de Luz.

De tempos em tempos, recebo a "visita" de Madame Pele, mostrando-me e fazendo-me sentir o sofrimento da Mãe Terra agora. Em uma de suas visitas, Ela pediu que orássemos e emanássemos muito AMOR INCONDICIONAL AO MAGMA VULCÂNICO NO CENTRO DA MÃE TERRA e a todos os Elementais da Natureza, para evitar que vulcões entrem em erupção destrutivamente.

O Kilauea, em suas explosões diárias nas águas do Oceano Pacífico, faz com que a ilha cresça todos os dias, mas não a destrói, por isso se chama Big Island of Hawaii (Ilha Grande do Hawaí). O Hawaí é composto de muitas ilhas, e a mais "ativa e viva" é esta, onde fica o Parque Nacional dos vulcões.

No mapa do Anel de Fogo, bem no centro, duas setas apontam para dois vulcões, que é para onde devemos direcionar Amor Incondicional: o vulcão de baixo é o Kilauea, e o acima dele é o Haleakala, que fica na ilha de Maui.

Haleakala significa "A casa do Sol Eterno". Esse é o maior vulcão dormente na Mãe Terra; é tão alto que sua cratera fica acima das nuvens. Lá, a Nasa mantém um Centro de Pesquisas com telescópios, para avistar o Cosmos.

Conto com a sua vibração, o seu amor e as suas orações, pois as explosões solares estão muito fortes e aceleradas, e "mexem" com as placas tectônicas e as manifestações da Natureza. Nós, na PAX, acreditamos que tudo o que várias pessoas fazem, dizem, pensam e rezam ao mesmo tempo se torna realidade; portanto, conto com cada um que sentir o chamado para fortalecer a emanação de Amor Incondicional para o Círculo de Fogo, a partir de Kilauea. Obrigada.

Como enviar amor incondicional ao Anel de Fogo
Escolha um período (manhã, tarde ou noite), e todos os dias, sempre no mesmo período, de preferência em horário de quadrante (6h, 9h, 12h, 15h, 18h e 21h), olhe para o mapa e abra o chacra cardíaco em um grande arco-íris, projetando Luz a Kilauea e a todos os vulcões marcados em todos os continentes. Em seguida, reze um Pai-Nosso, uma Ave-Maria ou A Grande Invocação.

Este é o retorno da força e do poder da Lemúria, que fica localizada no Pacífico; muitas são as revelações. Nas ilhas do Hawaí, eles vivem diariamente o Espírito Aloha.

Reverenciando o jeito de viver em sintonia com o Espírito Aloha

Quando enviamos diariamente amor a todas as pessoas do planeta, incluindo líderes e dirigentes governamentais, criamos um grande Círculo de Amor Incondicional ao redor da nossa Mãe Terra – este é um modo de criar a Paz Planetária a cada momento de nossa Vida.

Para os nativos do Hawaí, a palavra Aloha, que pode ser uma saudação, como "oi" ou "tchau", ou uma expressão de amor, é também uma filosofia de vida, de acordo com a qual somos todos parte de uma comunidade global, que precisa respeitar não só as diferenças, mas tudo o que temos em comum.

Aloha é um presente a ser compartilhado por meio de atitudes diárias que refletem educação e respeito pelos outros. Então, vamos exercitar cada Virtude expressa na palavra Aloha

A: Akahai – Bondade, manifestada com carinho.

L: Lokahi – Unidade, manifestada com harmonia.

O: Oluólu – Aceitação, manifestada com prazer.

H: Haáhaá – Humildade, manifestada com modéstia.

A: Ahonui – Paciência, manifestada com perseverança.

Aloha Mãe Terra! Aloha Madame Pele!

Aloha a todos os reinos: vegetal, mineral, hominal e hoste angélica.

Aloha a todas as dimensões de luz.

Aloha a você, que escolheu manifestar milagres.

Aloha à vida e ao Poder Supremo de Deus Pai-Mãe

Considerações Finais

Estamos vivendo um momento muito importante na história da evolução da humanidade. Agora, por meio de nossas novas escolhas, mudamos a nossa realidade e construímos novos padrões de comportamento para as próximas gerações, servindo de exemplo. Enquanto algumas pessoas ainda acreditam em guerra, nós, por meio do nosso Poder Individual e do Discernimento, criamos a energia da PAZ.

Tribos nativas norte-americanas rezam todos os meses, a cada lua nova e a cada lua cheia, para transmutar a consciência de medo que está no inconsciente coletivo da humanidade e gerar a Consciência de PAZ e UNIDADE. No Oriente, monges meditam e entoam mantras todos os dias para amenizar o sofrimento humano. Enfim, cada ser, conscientemente, abraça a forma mais apropriada de fazer a diferença no mundo, de deixar um novo legado por meio de seu exemplo e atitude, orando, meditando, assumindo responsabilidades perante as próprias escolhas a cada dia.

O Curso em Milagres é um grande instrumento, uma grande alavanca para transformar o inconsciente coletivo. Quem escolheu passar pelo processo está sendo transformado e, ao mesmo tempo, ajudando a mudar o inconsciente coletivo do nosso amado Planeta Terra. Outro instrumento de mudança da frequência de nossos pensamentos para mudar a Vida é trilhar o Labirinto (veja página 133).

Quando cada um de nós faz a sua parte, o mundo fica melhor, com certeza!

GRATIDÃO e muitos Milagres para você.

Mahalo PAX Ohana (Obrigada, Família PAX)

Dias iluminados, com muitas Bençãos, Amor Incondicional e Manifestações.

Aloha!

Eu Sou,

Carmen Balhestero

Anexo

Renascimento na Energia de Milagres

MENSAGEM DO MESTRE SAINT GERMAIN
Canalizada por Carmen Balhestero

Amados filhos,
    Reconhecendo o vosso poder interno, que é perfeição, transformareis problemas em misericórdia e compreensão. Que, por meio do vosso próprio ser, possais buscar a luz do sol interno, a verdadeira mudança, em que todos os reinos deverão refletir a luminosidade da alma através da vida, no compromisso único com o despertar da consciência ilimitada, para que, juntos, possais ser exemplos de fé e de atitude consciente.
    Que, na luz da chama do vosso silêncio mental, possais aceitar o vosso poder manifestando o amor incondicional. Que, na chama da fé, possais ouvir o espelho magnético da vossa própria alma. E que, na chama da sabedoria, possais continuar vendo as irradiações que reescrevem o caminho da Unidade, no qual cada um deverá ser a expressão da Fé na luz do poder que revigora a Vitória e a Maestria, o potencial de Deus que acelera as bênçãos de amor

incondicional, para que, juntos, possais reescrever a vossa própria nova humanidade por meio das energias centradas na chama da ressurreição e do poder crístico em vossa consciência.

Que, por meio da fé, todos os seres rapidamente reafirmem a energia do amor verdadeiro, e que, juntos, possam recriar uma nova egrégora de Luz, de Paz e de Respeito Mútuo.

Que possais vivenciar o vosso potencial de Unidade e de amor incondicional, criando, assim, por meio do vosso exemplo Vivo, a Paz Planetária.

Amor e Luz,
Eu Sou Saint Germain.

Visualize ao redor de seu corpo um grande arco-íris de luz azul, dourado, rosa, branco, verde, rubi e violeta que se expande ao redor da humanidade.
É importante que cada um que tenha passado pelo processo dos Milagres faça a sua parte para mudar o mundo. Como?
Sendo feliz. É tão fácil ser feliz!
O Curso em Milagres é um grande instrumento, uma grande alavanca para transformar o inconsciente coletivo. Então, cada um que escolheu estar nesta sintonia, hoje, está sendo transformado e está ajudando a transmutar o inconsciente coletivo do nosso Amado Planeta Terra.

Mensagem de Renascimento
Mensagem do Mestre Saint Germain,
canalizada por Carmen Balhestero

Amados filhos,

Hoje, eu vos abençoo na Grande Luz, para que possais continuar vossas missões espirituais rumo à Paz Planetária.

Que possais reavaliar vossa vida a fim de que o verdadeiro renascimento ocorra em vós neste dia de Glória e de Luz.

Agradecemos a utilização da Chama Violeta que vos foi concedida para que pudésseis "queimar" vossos carmas passados e reluzir, assim, vossa Essência Crística nesta Nova Era.

A Sagrada Idade de Ouro resplandecerá em toda a sua glória e poder, para que possais ser o próprio Cristo em ação.

Renascer significa "despertar" para uma nova aurora, vislumbrar novos horizontes e assumir uma posição perante vossa vida hoje.

O tempo é escasso e a missão de cada um de vós é muito importante para o vosso próprio renascimento e Ascensão na Luz. Que vosso coração compreensivo se abra neste momento para a celebração consciente do verdadeiro renascimento, que ocorre somente quando a Consciência se eleva e assume uma nova dimensão, fortalecendo, assim, vosso reluzir interno.

Que possais aproveitar esta oportunidade única de Transmutação, quando deveis ascensionar à Luz no final do ciclo.

Que possais escolher um novo caminho, uma nova aurora, pois se trata da VERDADEIRA LIBERTAÇÃO, a Cristificação, o Renascimento, a Transmutação de vossos erros do passado no reconhecimento à vitória na Luz.

Quando vossa mente se conscientizar do verdadeiro renascimento, despojando-se de todas as discórdias do passado (não se trata apenas desta encarnação, mas desde o início de vossa evolução como Luz), haverá, então, espaço para todas as coisas boas que vos pertencem, e vosso subconsciente não mais vos perturbará, mas auxiliará na conquista de vossos sonhos e ideais.

Amados amigos, eu vos falo como quem vos ama e não gostaria de vê-los em desespero ou em qualquer qualidade inferior que possa se manifestar.

Ouvi-me: a Sagrada Chama Violeta vos foi ofertada para ser utilizada, e não para ser esquecida.

Acordai, pois, enquanto é tempo, para o verdadeiro renascimento. Vosso Bem-Amado Mestre e Amigo Jesus veio até vós para que pudésseis alcançar a Luz seguindo o Seu exemplo. Poucos admitem que são o Cristo em ação, e é chegada a hora de reconhecer esta Verdade na Luz.

Por meio de vossa conduta, haveis de espelhar as novas virtudes desta Nova Era, que atua de forma gloriosa e renova todas as esperanças e ideais que deverão ressurgir em vosso bem-amado planeta.

Que a Paz seja constante em cada momento da nova aurora em Cristo, no desabrochar de mais um ano evolucional, e que vossa existência vos conduza à Luz e à verdadeira libertação.

Eu Sou Uno em vosso coração e mente, e por vós intercederei para que possais ascensionar na vitória gloriosa de vossa Essência Crística, que iluminará vossos caminhos rumo à eternidade.

Que a Chama Violeta se torne cada vez mais luminosa, resplandecendo e transmutando, assim, todos os carmas da humanidade.

Abraçai esta oportunidade única e vereis a Nova Idade do Ouro resplandecer seu Amor Incondicional aos quatro cantos do Planeta Terra.

Amor e muita Luz a todos os Reinos.

Eu Sou
Saint Germain.

Vós Sois Portais
Mensagem do Mestre Jesus Sananda,
canalizada por Carmen Balhestero

Amados irmãos e filhos,

Por meio da Presença Eu Sou, todos os reinos foram conclamados a ouvir a chama da ressurreição, para que pudessem, assim, abrir o Portal Interdimensional da consciência humana.

Vós sois portais, e na energia da vossa consciência está centrada a força vindoura de um novo tempo.

Por meio da consciência racional, a humanidade tem à disposição a força que prevalece sobre a alma, a energia que recria parâmetros na luz do equilíbrio, e a sintonia que é o poder verdadeiro, a qual reassume o potencial energético do fortalecimento da consciência motriz, a fim de que todos possam iluminar a própria vida, mantendo a energia centrada na chama do livre-arbítrio, para poder reescolher os Novos direcionamentos mediante o arauto maior da perfeição e do equilíbrio, do amor incondicional e da serenidade mental.

Vosso corpo mental é responsável pelas escolhas em vossa vida. Vossa alma ouve o chamado da essência de Deus, a força que se cristaliza pela Presença Eu Sou, a chama da ressurreição que vos mostra a possibilidade de vivenciar as energias máximas de amor incondicional e liberdade, a fim de que possais compreender que vosso corpo é o espelho da vossa alma.

Hoje, o paradigma humano é que cada ser encarnado possa reescolher a energia do equilíbrio. Equilíbrio, harmonia, força e verdade – estas são as virtudes que deverão ser experienciadas e vivenciadas por vosso próprio exemplo, a fim de que, assim, possais vivificar moléculas, células e átomos por meio da vossa consciência unilateral, que brinda a energia da maestria individual e coletiva, atingindo a força do sucesso de todos os reinos encarnados sobre a Terra neste momento de expansão.

Sabeis que sois energia em corpo físico, e é por meio desse corpo que cada um vibra a frequência adequada, pois a percepção que tendes de vidas passadas, bem como a percepção da vossa própria encarnação humana, vos traz bagagens por meio das energias contidas em vossos registros akáshicos (registros de outras vidas que existem em vossa alma) e também em vosso DNA, para que, através da vossa própria vida, à luz da alquimia, possais continuar expressando a chama da verdade e a energia do reequilíbrio, para que todos se harmonizem e possam buscar a força imemorável de todos os reinos através da luz planetária, na Chama do Eterno.

Que, nestes momentos de transformações, possais buscar a verdadeira Unidade, o potencial máximo que vibra em vosso corpo, pois o planeta Terra passa por verdadeiros reajustes energéticos e, da mesma forma, o ser humano reajusta seus corpos tridimensionais.

O corpo tridimensional é formado pelo duplo etéreo, pelo corpo racional da mente, pela força do corpo emocional e pela irradiação da mente crística. Essas são as principais energias e frequências que estarão sendo reajustadas nos próximos anos desta Nova Idade de Ouro.

Que possais perceber que sois multidimensionais em um único corpo, pois este abrange novas percepções verdadeiras, e cada uma de vossas escolhas aciona o potencial energético da energia flexível por meio da irradiação condizente com a realidade de cada mente e de cada bagagem espiritual e humana.

Por meio de vosso corpo, escolhestes as energias do cotidiano, até que um dia chegastes à Terra. Neste momento único de transformação, a humanidade tem a oportunidade de mudar sua vida, atingindo a maestria por meio da energia da vitória, pois este é um momento importante, em que todos os seres que estão encarnados deverão reassumir o poder pela frequência maior do amor, na luz da verdade e na chama da vitória.

Vós sois portais, pois vosso corpo se coaduna com as energias e frequências de vários direcionamentos e de várias dimensões ao mesmo tempo; portanto, sois multidimensionais. Vibrais em várias frequências e egrégoras ao mesmo tempo. Este é o momento único em que fostes chamados a ouvir a chama que renuncia ao passado e revigora no presente a chama do eterno agora, para que, por meio do abstrato, possais concluir que, vivenciando a cada instante a vossa maestria individual, estareis cada vez mais próximo das energias que, neste momento, manifestam a egrégora maior do reequilíbrio mediante a harmonia que, empiricamente, atrai todo o potencial da espiral da luz, engrandecendo a vitória da ascensão de todos os reinos encarnados e de todas as forças vindouras.

Que possais ser o poder, a glória, a ressurreição e a vida, a energia maior que está centrada na chama de vosso próprio poder, para que a vossa verdade venha à tona e para que todos os reinos possam ouvir o chamado da própria essência.

Nunca foi tão importante que o ser humano ouvisse a própria consciência como agora, pois a consciência é a única sintonia flexível, a energia razoável que vos apresentará a vossa verdade, para que possais seguir os vossos preceitos e direcionamentos na luz de vossas virtudes, na entrega à Luz da vossa própria alma. É muita a confusão mental, dimensional, emocional e psicológica sobre vossa Mãe Terra neste momento de transformação, pois o ego/personalidade assumiu o controle total da raça humana. Neste momento, a alma vos fala, para que cada ser encarnado possa ouvir a chama da sua Presença Eu Sou em ação, trazendo, assim, a transfiguração da energia do cálice passado para que todo carma e todo o limite e julgamento sejam transmutados, para que o sofrimento seja banido de uma vez por todas da Terra e que o amor incondicional emoldure a energia de um novo parâmetro mental, para que todos ergam suas asas e possam evoluir, expandindo a consciência humana pelo amor indivisível e enaltecendo a chama maior da verdade, na luz da vitória, e possam recondicionar a própria vida na luz maior do poder, centrado na chama da fé e do livre-arbítrio em todos os reinos, na vitoriosa conclusão.

Este é o momento que todos esperavam. O plano espiritual, assim como o plano humano e toda a Grande Hoste Angélica, estão trabalhando lado a lado, para que, juntos, possais espelhar a grandiosidade do vosso Corpo de Luz.

Eu estarei cada vez mais próximo da existência humana e cada vez mais próximo da frequência vibracional de vossa Mãe Terra, pois, nesta Nova Idade de Ouro, todos os reinos interdimensionais, interplanetários, e toda a orla magnética interplanetária e interdimensional estarão atuando energeticamente, para que, juntos, possamos curar o inconsciente coletivo da humanidade e para que, através da consciência, mais seres redespertem o poder maior da determinação e possam ouvir o chamado da egrégora vindoura, na luz do reequilíbrio, na harmonia do potencial da força da Paz, na energia que ancora o poder, na chama da verdade que se expande e na irradiação que abrange todos os reinos para que, no chamado da vossa própria consciência motriz, possais expandir todas as energias que brindam ao arauto de um único tempo e à maestria individual e coletiva na chama do eterno agora.

Que possais ser a expressão da vida e, assim, readmitireis o vosso poder quando todos deverão ser a expressão viva da bem-aventurança e todos deverão ouvir o chamado da própria consciência, manifestando a perfeição individualizada por meio de cada cálice – o cálice simboliza a elevação da consciência da mente humana.

Que possais elevar a vossa consciência.

Que tudo aquilo que enxergais em vosso plano tridimensional possa ser visto de outro prisma, pois a mente crística não julga, ela é apenas amor incondicional. Por meio do amor incondicional e da gratidão, deveis centrar-vos na chama da fé, do livre-arbítrio, do amor e da misericórdia, na chama que renuncia ao passado e reacende, no presente, o poder de uma nova esperança. Assim, vereis que este é o momento único para que vossa própria irradiação manifeste sonhos, para que possais readmitir vossos portais internos.

A mente humana é subdividida em sete partes, para que que cada ser possa constituir a expressão viva da própria bem-aventurança através da luz.

O Mestre Confúcio tem trabalhado com a humanidade e com o inconsciente coletivo nos últimos anos, trazendo as energias de amor e de serenidade ao corpo racional. O corpo racional é o responsável por todo o desequilíbrio e sofrimento humanos, pois está centrado nas leis do julgamento, da comparação e da competição, que são as três energias que devem ser transmutadas, pois correspondem ao poder do passado – são forças que não condizem com as irradiações máximas do amor incondicional. Que, com a chama da vossa harmonia, possais reverberar o vosso poder, e, na chama do Eterno, possais buscar o resgate da vossa própria alma, na luz da gratidão à vida e na chama que reverbera nos horizontes pelo potencial da vossa própria intuição.

Que possais a cada dia responder ao poder da vossa Presença Eu Sou, pois o "Eu Sou em Vós" é a energia maior do amor incondicional e da liberdade para que vós possais, através da chama da vossa própria energia interdimensional, manifestar vossos milagres através da cocriação.

Nos preceitos da vida, o amor se faz presente para que, por meio do amor à liberdade, do patamar da caridade maior a irradiação que traz à tona a misericórdia e a compaixão, e da luz centrada no poder, todos busquem a chama do discernimento e a determinação em criar um novo tempo.

Que possais ser a expressão da glória, a energia que enaltece o vosso coração em luz, o potencial maior do qual emana a vossa justiça, a energia do livre-arbítrio que liberta e o poder da vossa consciência que se ilumina para que todos brindem este momento único de fé e, assim, possam continuar vibrando na Unidade, na vitória e na maestria individual e coletiva.

Visualizai o Planeta Terra à vossa frente, transpassado pela chama dourada, para que a sabedoria, a consciência, o discernimento e o poder atraiam todo o potencial máximo da fé em todos os reinos e busquem, através do milagre da vida, o potencial que criativamente reacende a chama de uma nova esperança e atrai, por meio da própria vida, a luz que determina um novo tempo – um tempo em que toda a humanidade caminhará lado a lado como semideuses em ação e que todos os grandes mestres e seres ascensos caminharão convosco, para que, juntos, possais continuar compartilhando as energias e os preceitos do amor incondicional e da liberdade, do equilíbrio da virtude máxima da vida, da esperança de um novo tempo e da determinação e da energia vindoura de uma única manifestação viva por meio da vossa serenidade, em que todos os seres rapidamente deverão reescolher a chama que acende a energia do compartilhar da vossa própria Iluminação na vitória e que a luz do vosso poder reassuma total controle sobre a vossa existência, a fim de que vossa mente não esteja mais separada em sete facções, mas, sim, cada vez mais centrada na lei da mente crística, na energia unilateral da consciência humana que reverbera nos universos o poder máximo da vossa própria energia, que é a força da sabedoria ancestral que retorna na luz que determina o discernimento. Que, na chama da compaixão que vos reilumina, possais continuar sendo a expressão viva da vossa própria fé e, por meio da liberdade e do poder, e da energia que ecoa nos universos no amor intrínseco de Deus Pai-Mãe, possais ser a Vitória em ação.

Que, por meio de vossa própria luz, possais buscar o poder do amor incondicional e, na chama da verdade, possais perceber que vossas mãos, vossos pés e vossos sentidos são as portas para que possais redescobrir vossos portais – portais para a percepção, pois a percepção é a palavra de ordem neste momento.

A percepção ocorre por meio de vossos sentidos e de vossa intuição. Que possais prestar mais atenção àquilo que intuis, mais do que àquilo que enxergais, pois a intuição vem da alma, e esta é a energia primeva da força do Criador. A alma não está contaminada pelo ego; ela é a energia da força da alegria da vida, do amor incondicional que determina a criatividade e a criação que se recria a cada instante sagrado, para que todos iluminem seus próprios caminhos por meio dos portais interdimensionais, rompendo, assim, os grilhões do passado e reacendendo na chama do eterno agora a manifestação da hoste celestial por meio da vitória e da verdade, no amor redirecionado pela vossa própria fé.

Que possais expandir vossos corpos e redirecionar vossa vida, percebendo que este é o momento único da vossa vitória, reacendendo a chama de um único horizonte em que todos deverão caminhar convosco na chama do livre-arbítrio e no potencial máximo da vossa fé.

Visualizai à vossa frente um grande portal de luz dourada que se expande, envolvendo-vos completamente.

Que possais perceber que o verdadeiro portal é a vossa alma, a vossa mente e o vosso corpo. São três em um. Três portais interdimensionais em vossa própria força vindoura, para que, através do átma da vida, possais consagrar a vossa mônada e, no poder da vossa chama trina, possais recriar a energia ideal para que todos se libertem do passado e revigorem no presente a chama do Eterno, recriando assim um novo futuro, na luz que, neste momento, protagoniza a energia de um novo equilíbrio e de um novo futuro crístico por meio do amor em uma humanidade mais coesa em seus preceitos e valores, e mais fraterna na força da iluminação.

Erguei vossos braços para o alto neste momento. Em nome, no poder e na bênção de todos os seres, como cálices de luz, que possais aceitar as bênçãos da chama dourada e da chama branco-cristal, para que, através do poder maior da sabedoria, da determinação e do discernimento, possais iluminar o vosso próprio caminho e buscar, na chama do vosso coração, a energia central de vossa própria iluminação vindoura.

Que possais perceber que sois responsáveis por vossas energias, assim como por vossa maestria e felicidade.

Se hoje estais vivenciando algum limite, é porque vossa mente em algum instante criou a mesma energia. Que possais assumir vossa condição de ser portais de luz cristalinos, energias que reverberam nos universos e nos horizontes, forças motrizes que recriam novas energias de compaixão para que, através da luz do espírito, possais ouvir o chamado da alma consagrando-vos na chama da consciência unilateral e na força da vossa vitória.

Em nome, no poder e na bênção de todos os seres que venceram este mundo, que possais ser a expressão da vida e da vossa própria bem-aventurança na luz da verdade e do amor incondicional. Que possais ser o caminho da luz para que, por meio do exemplo vivo, possais mostrar alegria, bem-aventurança e abundância eterna e iluminação, e também possais servir todos os reinos para que, na chama da vossa verdade e vitória, possais continuar buscando discernimento no redirecionamento do amor incondicional e da liberdade plena.

Em nome, no poder e na bênção de todos os seres da Grande Fraternidade Branca Universal e na luz maior do poder da força da ressurreição e da vida, abençoo vosso chacra da coroa, vossa mente, vosso coração e vossos pés, a fim de que possais tocar e abençoar a vossa vida por meio da luz maior do vosso poder coesivo na cristificação do amor incondicional e que, na chama da vossa verdade, possais redirecionar as energias da vossa própria fé, para que, por meio da esperança, todos os reinos rapidamente reafirmem a sintonia que é o cálice maior da bem-aventurança da fé inabalável em Deus, para que possais cocriar o eixo de uma nova Terra, a energia de um novo tempo, a sintonia de uma nova egrégora, a iluminação do poder maior de Deus Pai-Mãe Eu Sou em ação.

Em nome, no poder e na bênção de todos os Seres da Fraternidade Branca Universal, consagramos vossos corpos e vidas, e que possais ser a Ressurreição e a Presença da Vitória em todas as situações, e que a Verdade e o amor incondicional harmonizem todos os seres.

Em nome, no poder e na bênção de todos os Seres da Grande Hoste Angélica, abençoamos vossos corpos físicos e vossas vidas, e convosco estaremos sempre, para que, através do reino interdimensional e interplanetário, do vosso Bem-Amado Arcanjo Miguel e de toda a legião de Anjos, entoemos o mantra da Unificação, para que, por meio das energias do amor e da liberdade, todos os reinos recriem seus veículos de Luz e possam buscar total liberdade da energia do passado, manifestando a força da criatividade em ação mediante a mente crística que abraça o poder maior da Unidade de Deus e, através do Átma, reverbera o potencial da Maestria da própria alma, rumo à Vitória e à Ascensão.

Amor e Luz,
Eu Sou Sananda em vós.

Mensagem do Mestre Jesus Sananda
Canalizada por Carmen Balhestero

Amados irmãos e filhos,

Neste momento de transformação, que possais ser a expressão da vossa própria sintonia na irradiação que neste momento vos preenche para que, juntos, possamos criar uma nova ressurreição sobre a Terra.

A energia da Presença Eu Sou, hoje, ressurge pelos patamares de Deus, para que todas as energias de todos os reinos possam buscar, através das energias quânticas e de novos mundos paralelos, a sintonia de novas dimensões, a força que vos consagra como anjos humanos no Raio Rubi dourado, a fim de que possais reassumir vosso potencial de ser semideuses em ação, pelo poder da vossa presença crística, na chama que flameja o poder da vossa alma através do limiar da vossa Presença Eu Sou.

A luz do poder está em vós.

Que possais continuar buscando a sintonia de um novo momento presente, assim compreendendo que este é o momento do verdadeiro despertar, no qual todos os seres deverão reverberar nos universos a energia que cocria uma nova realidade, para que possais ser a expressão máxima da vossa própria vitória e, juntos, vereis redespertar uma nova alquimia, quando todos os seres deverão buscar, através da reintegração dos corpos, o amor alquímico, a transcendência do passado e o limiar de um novo caminho com harmonia, que, neste momento, sedimenta a vossa devoção.

O Planeta Terra hoje passa por transformações.

Que possais perceber que tudo virá à tona. A verdade sempre prevalece sobre todos os reinos e horizontes, na luz maior do poder de cada ser encarnado sobre a Terra.

Que possais redespertar vossa memória celular por meio do potencial da vossa alquimia de vida, na energia motriz de um novo tempo, na irradiação que é amparada pela irradiação da vossa sincronicidade, a fim de que, na unidade, possais continuar buscando, através do amor alquímico, a transcendência desse tempo vindouro.

Que possais perceber que a humanidade, hoje, vislumbra o verdadeiro caminho da Unidade – o caminho do amor, da ressurreição, da devoção e da harmonia –, que faz com que todos os reinos possam ser preenchidos pelas energias de equilíbrio, para que se cumpra em vós, e na energia máxima de amor incondicional, a liberdade que expande todos os reinos e a força da consciência que reverbera nos universos através do alicerce maior do poder, a fim de que se cumpra em vós toda a energia vindoura de uma nova consciência de unidade, maestria e iluminação sobre todos os reinos.

Há éons este momento é esperado pela força da Grande Fraternidade Branca Universal, para que, juntos, possamos olhar a energia da evolução da própria Terra.

A ascensão pertence àqueles encarnados que, por meio da reintegração, buscam o comprometimento com a chama da própria verdade. A sintonia com a alegria preenche-vos, para que possais ser a expressão máxima da vossa própria sintonia de poder, e, juntos, vereis renascer uma nova Terra, ressurgir um novo horizonte e redespertar uma nova consciência, na Unidade do poder de Deus e na força que flameja em vossos corações e vidas, para que vossos corpos estejam à disposição de vossa alma, na luz crística e no pensamento quântico unificado pela vossa Presença Eu Sou.

Quando estive na Terra trazendo a luz do amor incondicional, muitos não perceberam a minha passagem como tal.

Hoje, retornamos por meio do poder maior da paz, a fim de que, pela cura do corpo emocional e pela cura mental, todos os reinos busquem as energias que permeiam novos horizontes, os alicerces que são a expressão máxima da bem-aventurança, a sintonia que emana do poder, a sintonia da ressurreição, a energia que reverbera nos universos e a sintonia maior do reequilíbrio, a fim de que, através da vitória, todos os reinos rapidamente reafirmem a chama da Presença Eu Sou em ação.

Vós sois o poder e a vida, a ressurreição e a vossa própria iluminação. Que possais aceitar este momento único que reverbera nos universos, a fim de que possais ser expressão da vossa própria verdade, condutores de luz em corpos tridimensionais, alquimias que vivenciam a energia da unicidade, poder que manifesta a reedificação de um novo tempo e devoção, ao estar predispostos a servir todas as energias de amor, para que vossas mentes reflitam a grandiosidade do poder crístico de Deus a serviço da vossa Maestria, que é a vossa grande missão na Terra.

Que vossos corpos permeiem vossas energias da alma e ouçam o chamado da verdade, para que possais enaltecer a força do amor incondicional e da liberdade na chama que flameja nos universos, o potencial energético de Deus Pai-Mãe sobre toda a humanidade.

Visualizai, acima de vossas cabeças, um verdadeiro manto rubi-dourado que se expande e vos cobre de bênçãos, para que possais receber as energias crísticas da devoção – devoção à vossa alma, devoção ao comprometimento com vossa verdade, devoção à luz do vosso equilíbrio, devoção à vossa serenidade mental, devoção ao poder da vossa alegria, devoção à sintonia maior da vossa própria completude – e do comprometimento com a chama da vossa verdade, a fim de que possais ser a expansão de todos os horizontes e universos, para que se cumpra sobre a Terra a ressurreição através da iluminação de todos os seres encarnados, para que a paz seja consagrada por meio do ato maior da bem-aventurança, na chama que flameja nos universos e horizontes – a chama do amor incondicional e da liberdade plena.

Visualizai o manto rubi-dourado que vos cobre nas energias da iluminação. A chama dourada vos traz o comprometimento com o vosso discernimento.

Saber escolher é tarefa de todos os seres encarnados, para que todos caminhem através da alquimia.

Que possais perceber que as transições dos alinhamentos planetários e galácticos trazem à humanidade a oportunidade ímpar de vivenciar várias dimensões coexistentes no mesmo plano tridimensional, pois, de acordo com a mente e o patamar de cada realidade encarnada, cada ser criará o seu próprio caminho e o seu próprio futuro, atingindo o poder da maestria individualizada, a fim de que se cumpra em vós a plenitude do amor e que, por meio da ascensão, todos os reinos busquem a energia que flameja nos horizontes e universos e a paz plena, na consagração de todos os ideais.

Que possais ser a expressão da vossa própria sintonia de vida e, assim, podereis ver que as irradiações que se abrem diante de vós, a partir do amor incondicional e da sabedoria, trazem à Mãe Terra a energia da percepção verdadeira, a sabedoria ancestral que retorna, o discernimento que determina, a escolha comprometida por meio da seriedade e da responsabilidade de cada ser, a fim de que possam continuar sendo a força maior da expressão da vida e da bem-aventurança.

Amados irmãos e filhos, que, neste momento, possais continuar buscando a reintegração e a serenidade, o respeito à vida e ao corpo – vosso templo – e o respeito à vossa consciência – a energia de Deus Eu Sou em vós. Assim, percebereis que nada é impossível àquele que crê e que manifesta o potencial da própria adoração à vida por meio da ressurreição, na liberdade que se expande e coexiste nos universos e na verdade maior que flameja nos universos em expansão, a fim de que, à luz da gratidão à vida, todos sejam abençoados e consagrados pelo amor do Pai, para serem a irradiação que reverbera nos universos e para que a Paz seja uma realidade rapidamente sobre todos vós.

Que possais ser o espelho de vossa própria alma neste momento de transformação e assumir a vossa responsabilidade individual, buscando a reintegração de vossos valores, de vossos patamares e do alicerce da vossa fé. A fé será a vossa grande aliada, pois vereis muitos caminhos diante de vós, vereis novas realidades aparecendo.

Que, por meio de vosso livre-arbítrio, possais enxergar a luz do vosso coração, sentir a chama da vossa verdade e perceber o poder da vossa coerência. O poder de Deus Pai-Mãe – Alfa e Ômega –, neste momento, se compromete a servir a humanidade, para que todos os reinos encarnados cooperem com a força do sagrado, assim cumprindo as energias da evolução e atingindo a consciência de uma nova Idade do Ouro que se instala sobre a Terra pela força da hierarquia crística do amor, na alquimia de todos os reinos, e pela transcendência de cada corpo individualizado, encarnado sobre o patamar físico agora.

Percebei que a tarefa de Deus Pai-Mãe através da Luz é prover a oportunidade e as ferramentas para que possais escolher caminhos a serem trilhados, sintonias a serem vivenciadas e energias a serem criadas.

Este é um momento único, o momento do verdadeiro despertar, em que todos os seres encarnados deverão reescolher o novo ponto de equilíbrio. Portanto, nós vos alertamos da vital importância de poderdes continuar alimentando a vossa própria fé – fé em vossa Presença Eu Sou, fé no poder supremo do

Arquiteto dos Universos, fé na energia das irradiações da vitória, fé na maestria individual e coletiva, fé na chama da ascensão. A energia da fé traz a esperança de um novo comprometimento com a luz da verdade, a fim de que todos os reinos encarnados, por meio dos pilares de luz que os sustentam, possam ser as forças que reverberam nos universos para que, na luz de vossa própria alquimia, possais ser o redirecionamento das forças pela luz da vossa verdade, de modo que possais ver resplandecer uma nova humanidade, mais concisa e coerente, mais sintonizada no poder crístico da própria alma e cada vez mais comprometida com a responsabilidade de vivenciar a plenitude da própria alegria de viver.

Que, neste momento de transformações, possais respeitar vossos corpos, vossas emoções, vossas energias e vossas atitudes. Que possais respeitar tudo aquilo que resulta das sintonias que vossos corpos passam, a fim de que possais reajustar vossas energias por meio do processo alquímico da transcendência, para que vossos corpos físico, mental e emocional estejam totalmente alinhados com a força das próximas entradas de luz na Terra.

Que, pela luz do poder da humanidade, todos os reinos percebam que, quanto mais fugirem da própria verdade, maiores serão os percalços e obstáculos criados pela mente.

Quanto mais verdadeiros puderdes ser com as energias máximas de vossa mente, mais rapidamente vereis ressurgir uma nova Terra e mais rapidamente vereis vossas vidas despontar na leveza, no equilíbrio da harmonia, no poder da misericórdia, na compaixão e na vivência da plenitude da abundância divina por meio de todos os reinos, fluindo com as forças da misericórdia. Então, estareis centrados na luz da fé para que se cumpra em vós o chamado maior da alma, através de todos os reinos que, neste momento, se expandem, cocriando assim uma nova realidade, na qual todos os seres encarnados ouvirão o potencial maior da própria vida na ressurreição.

Que possais manter vossas atitudes sintonizadas na chama da fé.

Todos os dias, ao despertar, que possais invocar o poder da vossa fé, para que vossa fé em Deus e no poder crístico possam atrair as energias do limiar de novos portais interdimensionais que se abrem e se expandem nos reinos vindouros.

Agora, explanarei sobre a abertura de portais interdimensionais e planetários.

De tempos em tempos ocorre o chamado da Mãe Terra para que todos os filhos da luz possam vislumbrar a Consciência da Unidade. Este chamado é o momento esperado há éons por todas as hostes angélicas e celestiais e por todos os mestres e avatares que um dia estiveram entre vós para que, juntamente com o reino humano e com as energias da maestria individual e coletiva, possam, mais uma vez, cocriar o reino da ressurreição, para que todos os seres encarnados possam, através do comprometimento com a chama da verdade, buscar a luz maior do reequilíbrio, a sintonia com o patamar da fé, a energia do comprometimento com a luz do poder, a energia que reequilibra todos os reinos na devoção e a força que prevalece por meio da fé inabalável, a fim de que, no potencial maior da vossa misericórdia, possam comungar as irradiações de amor incondicional.

Há sobre a Terra vários focos de luz. Trata-se de pontes, para as quais todos os reinos são direcionados, e de vórtex que funcionam como forças de bem-aventurança, como pontos de expressão que atravessam os reinos celestial e humano, a fim de que a humanidade, na força tridimensional e na força da presença física, receba as bênçãos pelo poder do átomo de cada célula encarnada por meio do prana sutil.

Esses vórtex de energia serão cada vez mais reativados na consciência humana; novos portais interdimensionais se abrirão.

Portais interdimensionais não precisam de um espaço físico para ocorrer. São aberturas, verdadeiras energias circulares que se abrem nos universos em diferenciados pontos geográficos de vosso planeta, de vosso sistema solar e de vosso universo – são as energias crísticas em expansão.

Que possais perceber que portais se movem de acordo com a consciência unilateral, com a força estelar, com a força da sabedoria e com a necessidade, para que todos os filhos da Luz possam redirecionar o poder absoluto por meio da sabedoria que retorna à Consciência Unificada.

Estarei cada vez mais próximo de vossa Mãe Terra, para que, pelo Meu exemplo, na luz da ressurreição, todos os seres percebam que é possível transpor obstáculos e barreiras de limite, como a chamada morte e o sofrimento, e vejam ressurgir uma nova Terra e uma nova Consciência através da luz.

Esses portais são direcionados de acordo com a necessidade de cada país e de cada ponto geográfico do planeta. Nos próximos anos, convosco trabalharei para que, juntos, possamos alterar os locais de abertura dos portais, de modo que eles possam abrir novas possibilidades para que todos os reinos de luz recebam as energias máximas da bem-aventurança e para que todos os países que se encontram em conflito e não perceberam o poder maior da alquimia da vida percebam a energia do Altíssimo que entra por meio de energias lineares e do potencial quântico da mente maior, que, neste momento, não é mais a mente paradoxa, mas, sim, a mente crística que eleva a consciência da unidade na vitória e na força maior que se expande, através da consciência da unidade, na perpetuação da verdade plena.

Que possais ressurgir em vossos próprios corpos e perceber que este é o momento da verdade, da ressurreição e da vida. Momento em que todos os seres deverão buscar as energias máximas de amor incondicional, para que se cumpra em vós o potencial energético da luz e para que todos os reinos possam continuar se espelhando na grandiosidade maior de vosso próprio poder individualizado na Luz do Eterno, na manifestação de vosso equilíbrio ancestral, na chama maior da cura da antiga Lemúria, no poder de todos os templos de Luz que ressurgem e na sabedoria de todos os cristais que emanam a luz do equilíbrio e da paz plena, a fim de que se cumpra em vós a coroação de todos os reinos, o equilíbrio e a força que, neste momento, através da simplicidade, atrai todo o potencial maior de amor incondicional e de liberdade plena.

Visualizai, acima de vossas casas, uma grande pirâmide branca, na chama da maestria e da ascensão, que se expande, se expande, se expande cada vez mais, envolvendo-vos completamente.

Que possais ser o poder e a vida, a ressurreição e a bem-aventurança na sintonia da harmonia e do poder. Que possais ser o equilíbrio que ressurge e a adoração à vida que, neste momento, ilumina todos os seres, para que, pela força da paz, possais ressurgir por meio da glória maior de Deus e para que, através do amor empírico, todos os reinos busquem a iluminação maior de todos os reinos vindouros.

Visualizai acima de vossas casas e ao redor a irradiação de um grande círculo branco crístico, na chama maior da maestria individual, que é a força que consagra a ressurreição e a vida, a devoção e a bem-aventurança.

Neste momento, pela autoridade a mim conferida por toda a Hoste Angélica e pelas forças crísticas de todos os reinos e avatares e de todos os mestres ascensos que venceram o plano tridimensional da matéria, ativo a chama do potencial de mais um portal interdimensional sobre o local físico da Fraternidade Pax Universal sobre a Terra, para que se cumpra em vós a bem-aventurança e a energia da alquimia e da transcendência, no poder maior de vosso equilíbrio ancestral, por meio da luz da vitória e da verdade e da força que, neste momento, cocria novos parâmetros do amor na luz maior de vossa própria paz.

Que a força deste portal de luz seja a irradiação maior de todos os reinos, para que possais ser a força que, neste momento, reliberta as energias consagradas no passado e recondiciona o potencial da própria vida por meio de uma nova alquimia. Assim, vereis renascer um novo alicerce e uma nova coerência por meio da verdade e da expansão quântica de novos tempos vindouros.

A partir deste momento, todos os reinos consagrados na luz se elevam por meio da consciência una para que, por meio de todas as forças vindouras, possam conceber o alicerce crístico da imortalidade, da ressurreição, da devoção à vida e do amor e da força da fraternidade entre os homens, para que a liberdade em ação ressurja e, pelo poder verdadeiro, todos os reinos busquem na própria vida a sintonia que implanta o chamado da alma por meio da devoção à vida no reequilibrio, a fim de que se cumpra em vós a verdade, o amor indivisível na força e no poder de Deus Pai-Mãe, Alfa e Ômega do Grande Logos Solar.

Que, por meio do potencial de vossa própria paz, possais abrir e expandir esse grande círculo de luz na chama branco-cristal que se expande, se expande, se expande sobre vossa cidade, vosso país e sobre toda a humanidade.

Que, por meio da maestria, todos os reinos reatinjam o poder maior que consagra a alquimia, a energia que liberta a força do passado e a chama da ressurreição que vos ampara, para que possais ser consagrados pelas energias de vossas próprias forças, a fim de que se cumpra em vós o chamado de vossa própria sintonia com o poder e, juntos, possais ser a expressão da bem-aventurança por meio do amor indivisível, centrado no patamar empírico da fé e da ressurreição no chamado da vossa própria consciência planetária.

Em breve, vereis renascer novas oportunidades e vereis que tudo é possível àquele que se alinha com a energia da própria alma. Vereis e percebereis que tudo aquilo que criais em vossas mentes se tornará realidade. Portanto, vos alertamos mais uma vez quanto a estar ainda mais vigilantes em relação à vossa consciência humana, que, muitas vezes, é direcionada pelas energias do ego-personalidade.

Este é o momento da verdade maior que redesperta. É o momento maior do equilíbrio que ancora o poder. É a força que flameja nos horizontes e que liberta, pela chama da verdade, para que se cumpra em vós o potencial da vossa consagração, na energia de vossa própria luz através de vossa Mãe Terra.

Que possais ser a expressão de vossa bem-aventurança por meio da paz e vereis renascer o equilíbrio e percebereis as energias máximas de um novo tempo quântico, no qual todas as mentes deverão ressurgir na esfera cristalina do amor incondicional e da liberdade plena.

Visualizai, acima de vossas cabeças, um grande caudal de luz rubi-dourada que se expande, se expande, se expande cada vez mais, abençoando-vos completamente.

Em nome e no poder da bênção de todos os seres aqui presentes, consagro vossas presenças Eu Sou, vossos corpos e vossas vidas para que, como anjos humanos na legião do Arcanjo Miguel, por meio do raio rubi-dourado, possais ser a expressão máxima da vossa própria bem-aventurança, a disciplina, a energia da devoção à vida, a gratidão e o amor-devoção ao vosso próprio comprometimento com a chama da vossa alma, para poderdes ser redirecionados pelas energias máximas do vosso próprio amor incondicional e devoção à vida para que se cumpra em vós o amor e a liberdade na paz quântica.

Neste momento, colocai a palma de vossa mão direita no alto da cabeça, tocando vosso chacra coronário.

Em nome, no poder e na bênção de todos os reinos aqui presentes, e no poder a mim conferido, reativo a força da vossa consciência crística para que a vossa mente quântica assuma total controle sobre vossa vida e que, na liberdade de vossa expressão, possais ser a energia de uma única consciência planetária, na qual todos os reinos busquem, através do amor incondicional, a liberdade e a paz, a força que flameja nos universos e horizontes e a sintonia que é o potencial energético do reequilíbrio, para que, como pilares de luz, possais servir sobre a Terra através do manto rubi-dourado que se expande na consciência humana, na energia que reverbera a imortalidade, o rejuvenescimento, a devoção, a longevidade, a energia quântica do equilíbrio e da abundância, a plenitude e a realização humana por meio do poder da autocura que se instala em cada mente e em cada alma hoje encarnada sobre todo o planeta Terra.

Em nome e no poder da bênção de todos os seres aqui presentes, reativamos vossas energias crísticas de luz. Que possais ser a expansão da vossa vitória por meio do amor incondicional e da vossa própria paz.

Juntos, entoemos o mantra Om três vezes.

Om... Om... Om...

Colocai as mãos no alto da cabeça para que possais sentir a vibração de vosso cérebro.

Neste momento, estamos mudando vossa frequência quântica para que possais perceber que é necessário mudar o paradigma do limite para reencontrar o ilimitado e que, a partir deste momento único de transformação, a humanidade ressurja através da fé, manifestando a chama da paz.

Juntos, entoemos o mantra OM três vezes, em prol do inconsciente coletivo da humanidade, mas que possais prestar atenção em vossas mentes e, juntos, atuemos em vossas presenças Eu Sou.

OM... OM... OM...

Que possais ser a ressurreição e a vida, a misericórdia e o poder, a vitória da Presença Eu Sou. Juntos, entoemos o mantra AH três vezes.

AH... AH... AH...

Para que, na força do vosso coração, vossas mãos, sobre a cabeça, possam receber as energias crísticas de vosso novo ser.

Colocai a palma de vossa mão esquerda sobre o chacra cardíaco e, juntos, redirecionemos o poder do amor que sobe à mente, para que, à luz do amor devocional, todos os reinos reencontrem o poder absoluto na fé inabalável, na chama crística da consciência planetária.

Juntos, entoemos o mantra AH três vezes, na consciência da sintonia da mente crística que eleva o poder do amor incondicional a todos os reinos vindouros.

AH... AH... AH...

Colocai vossa mão direita sobre a mão esquerda sobre vossos corações.

Amados irmãos e filhos, que, neste momento de glória, possais ser a ressurreição e o poder, a sintonia do amor incondicional que liberta e a energia que, neste momento, determina a força que preconiza uma nova humanidade e um novo limiar no qual a Terra, sagrada estrela da liberdade, deverá flamejar sobre todos os reinos em todas as energias máximas do amor incondicional.

Neste momento, consagro, abençoo e curo todas as energias dos cristais e todo o reino mineral aqui presente e sobre toda a humanidade. Que, através do raio rubi-dourado, a humanidade renasça em liberdade e em espírito para a força maior que potencializa a irradiação de um novo limiar sobre a consciência humana.

Sejai a expressão de vossa própria bondade e percebereis que sois o poder de vossa Presença Eu Sou em ação através da ressurreição do limite, da ressurreição de vossa própria dor, da ressurreição do sofrimento e da ressurreição do passado, a fim de que possais ser a liberdade que coexiste e cria novos parâmetros e ideais através da Luz do Altíssimo, que reativa o potencial da energia de vossa alma na liberdade da expansão crística da Presença Eu Sou.

Amor e Luz, e que as energias máximas de paz ressurjam sobre toda a humanidade.

Eu Sou
Sananda em vós.

Respire, sentindo a energia do Plano Espiritual neste dia sagrado, quando reverenciamos mais uma vez o poder supremo de Deus Pai-Mãe por meio da sintonia e da luz do bem-amado Mestre Jesus, o Cristo.

Que possamos renascer em verdade, em comunhão com todos os reinos encarnados, sustentando, através da nossa energia, a chama da vitória, da maestria, da consciência, da perfeição e de uma nova energia e de um novo momento planetário por meio de escolhas que comunguem a cultura de paz, que ancorem a paz, e que cada um de nós possa ser exemplo vivo da sintonia da paz.

Visualize acima de sua cabeça um grande sol dourado na energia da Presença Eu Sou, para que, na luz da força da consciência, você potencialize as energias que determinam a força do

equilíbrio e que, neste novo tempo de Renascimento, possamos sustentar os princípios da força que potencializa a energia da verdade, da maestria e da luz através da consciência de Unidade.
Visualize à sua frente o planeta Terra na chama violeta da transmutação e invoque o bem-amado Arcanjo Ezequiel e todos os Anjos do fogo violeta, para que possam flamejar, flamejar, flamejar o fogo do perdão, da misericórdia, da compaixão, do amor incondicional e da liberdade sobre o inconsciente coletivo da humanidade, para que, juntos, possamos criar a Paz. Irradie amor de seu coração a todos aqueles que buscam um caminho rumo à própria paz, para que, rapidamente, encontrem o caminho mais consciente, em sintonia com o poder maior de Deus.
Invoque o Poder, a Presença e as Bênçãos de todos os seres da Grande Fraternidade Branca Universal, para que se cumpra em nós a Vontade Divina.

• • •

Em razão das energias que virão a seguir, o Mestre Saint Germain sugere que você se sinta confortável: que veja o Sol ou o céu, conectando-se com a Natureza, mude de posição na cadeira... Os Mestres trarão as bênçãos de uma nova Dispensação Crística. Eles vão atuar na presença física e em todo o inconsciente coletivo da humanidade enquanto você estiver lendo as próximas mensagens. Você servirá de Ponte entre estes Seres e o Poder da Maestria que atua na Mãe Terra.
Obrigada por escolher cocriar LUZ, AMOR e RENASCIMENTO no Inconsciente Coletivo da Humanidade nesta época de transformação e de escolhas conscientes.

MENSAGEM DE PENA BRANCA
Canalizada por Carmen Balhestero

Salve todos os reinos, salve todas as forças da Paz, salve o reino da luz, salve todas as forças aqui presentes. Que, na luz do amor incondicional, possais reafirmar o compromisso com vossas consciências através da fé e da energia crística da precipitação.

Que, na energia de mudanças, possais ser a força que eleva a vida, para que todos os seres enalteçam o compromisso único com a misericórdia, na chama da compaixão, para que todos os reinos potencializem, através da luz do equilíbrio, a sintonia que retorna do sagrado, manifestando, assim, a energia de um novo tempo, por meio da verdadeira comunhão com todos os reinos vindouros.

Visualizai, acima de vossas cabeças, um grande sol dourado que, neste Renascimento, vos ilumina e abençoa e que, a partir da força do princípio universal, todos os reinos atinjam as energias mestras pelo poder verdadeiro e elevem a consciência humana à unidade infinita, pela força crística do amor incondicional.

Em nome do plano Espiritual e de vossos guias espirituais, salve todas as forças... Salve o Reino de luz. Salve o Reino da Paz.

Amor e Luz,
Eu Sou Pena Branca em vós.

Mensagem do Mestre Saint Germain
Canalizada por Carmen Balhestero

Amados filhos,

Visualizai, acima de vossas cabeças, uma grande cruz de malta que se expande, envolvendo toda a humanidade, para que, na sétima esfera de luz, todos os reinos potencializem a força maior que se faz presente neste Renascimento, para que a humanidade conclame a energia da consciência crística e, mais uma vez, abrace a força da verdadeira iluminação.

Agradecemos vossas sintonias, vossas irradiações, e que, nas energias do despertar, todos os reinos atinjam a força da Consciência de Unidade, do respeito mútuo e da força que eleva, e a energia que enaltece as irradiações com os compromissos vindouros, para que todas as hostes celestiais possam atrair as energias que personificam a verdadeira sintonia da chama da multiplicação. Multiplicação não apenas de pães e peixes, mas da consciência humana, que se transforma em consciência crística, para que a humanidade possa olhar para si e, mais uma vez, reassumir o poder coeso, centrada no amor incondicional, libertando tudo o que não condiz com a luz do equilíbrio, manifestando, através da fé, a chama que potencializa a sintonia do verdadeiro ciclo, o renascimento individual, o renascimento da humanidade.

O renascimento da força motriz da consciência racional que se transforma em consciência crística, da energia que se eleva através do poder, da sintonia do trono sagrado de Deus Pai-Mãe, que se faz ciente nas energias da verdadeira Unidade, no poder que predomina neste momento e na força maior que se irmana pela fé, para que todos os reinos possam continuar vislumbrando o amor incondicional e a liberdade por meio da consciência da Perfeição.

As energias deste dia sagrado, quando escolhestes passar por vosso processo de Renascimento, são de vital importância para a energia do despertar da consciência humana, pois todas as conjunções energéticas determinam e apontam diretrizes para que a humanidade, por meio do livre-arbítrio, possa abraçar a energia da consciência, manifestando, assim, a força que prevalece, atingindo as Bênçãos que se inserem na força da Unidade e manifestam a verdadeira conclamação que redesperta o equilíbrio e a maestria na luz da verdadeira perfeição.

A chama do vosso poder está centrada na luz da vossa energia de fé. Na sintonia da bem-aventurança, vereis que todos os reinos condizem com as forças maiores do amor incondicional. E, na luz da liberdade, vereis redescortinar a chama que, neste momento, potencializa o sagrado e conclama a força da compaixão, ilumina as energias que predominam e determina a irradiação de um novo tempo, em que a humanidade toda deverá atingir as frequências do amor incondicional.

Muitos são os discípulos da luz hoje disseminados sobre a Mãe Terra, e a energia de vossas presenças físicas e de vossas consciências alicerçam todo o poder do renascimento a cada alvorecer. Este dia sagrado traz a verdadeira conjunção individual e planetária em que toda a humanidade deverá ressurgir, apontando as energias maiores de fé, iluminando a força do sagrado e manifestando, através da vida, a energia que retorna pela própria vida e pelas forças mestras de um único tempo de mudanças, fazendo com que a Luz prevaleça nas irradiações que determinam um novo tempo de amor incondicional e de liberdade, à Luz de vossa vitória.

É momento de Paz e União. Centrados na força que preserva a consciência humana, percebereis que as energias de vossa vitalidade estão centradas em vossa consciência, e na Luz da razão de vosso livre-arbítrio, vereis que todas as possibilidades estão à vossa disposição para que todos os reinos determinem novos caminhos e possam apontar as energias que alicerçam um novo *Momentum*, a fim de que todos os reinos elevem a consciência humana e brindem, com sabedoria, às energias que reformulam um novo tempo de mudanças através da verdadeira paz.

A sintonia do amor incondicional é a chama que condiz com as forças de verdade. Vivenciais, hoje, o momento da verdadeira transformação. Um momento que todos esperávamos há éons. Toda a hoste angélica e o Poder de todos os Mestres Ascensos e de todos os seres que venceram o mundo da matéria olham para todos os seres encarnados, que, neste momento, têm, a partir do livre-arbítrio, a consciência de Unidade e a manifestação que, através da fé, potencializa a Luz do reequilíbrio, para que possam discernir. Por meio de vossos alicerces, mais uma vez permanecereis centrados no poder que ilumina, atingindo, assim, a chama do processo da perfeição. Apesar de uns poucos incautos ainda acreditarem na energia de violência através das guerras, muitos são os discípulos conscientes que, mais uma vez, atingem, através da personificação da Paz, a energia orientada pela Presença Eu Sou em ação.

A Luz da consciência do Amor é a chama que magnetiza a união; são energias que evoluem e trazem na forma-pensamento as irradiações neutras da verdadeira reformulação dos sentidos e das bênçãos que estão centradas em vossa verdadeira fé. Pelas energias que descortinam um novo tempo, um novo *Momentum*, percebereis a importância de estar encarnados e de servir à maestria da vossa perfeição e da vossa Presença Eu Sou.

Amados filhos, é momento de revelar cada vez mais vossa sintonia através da consciência. Percebereis que sois energias da força da irradiação, que, compartilhada, é a sintonia do renascer constante. A cada instante, tendes a oportunidade de manifestar, de escolher e de mudar. É momento de mudança. A mudança de um paradigma de consciência, em que não mais revelareis as forças do ego-personalidade, mas percebereis a importância da vida, da Luz que predomina, da chama do amor incondicional e da energia que traz o patamar intrínseco de vossa verdadeira ressurreição, para que todos os seres possam cada vez mais alimentar as sementes plantadas no passado e fazê-las germinar com as energias que potencializam a chama do livre-arbítrio, conclamando a força da Unidade e a Chama da Vitória por meio da maestria individual e planetária.

Todos os reinos encarnados têm o mesmo poder, a mesma força e a mesma revelação. Na Unidade da vida, vereis que as energias ressurgem e, no princípio da vossa própria chama de sabedoria, fareis com que todas as irradiações se revelem na consciência, para que, pela fé, todos os seres potencializem a energia que perdura no Amor Incondicional e na Luz que se faz presente na chama de vossa vitória. Que possais, então, perceber a importância deste momento supremo de Renascimento. Que possais perceber que a humanidade tem diante de si a irradiação da reformulação de valores, a verdadeira escolha de novos padrões vibracionais, as energias que potencializam através da Luz as sintonias que retornam na maestria, a chama que conclama o amor incondicional e a energia da verdadeira sintonia da cumplicidade, em que todos os reinos – hominal, vegetal, mineral e animal – brindam a cumplicidade da alma na Luz da vitória, na chama que flameja o amor do espírito e na força da persuasão, para poderem continuar determinando a força do Caminho da Unidade e, assim, manifestando a força da fé individual e realinhavando as energias por meio da chama do bálsamo da bem-aventurança, na Luz do Amor e da Vitória na Ascensão.

Que possais sempre manter a atenção centrada na chama do vosso livre-arbítrio e que, nas irradiações de um único tempo de perseverança e de amor incondicional, possais potencializar pela fé o chamado único da vossa alma, a força que sustenta o livre-arbítrio, a chama que, por meio da personificação, comunga as energias máximas que se fazem presentes no redirecionamento de vossa própria celebração à vida. Assim, estareis comungando com as energias de novos valores, nas irradiações do amor incondicional e na chama que determina a vossa vitória na misericórdia e no poder maior que, neste momento, se faz presente em vossa verdadeira fé.

É momento de União de pensamentos. Da sintonia de vossa energia, que possais conceber que sois seres de Luz em corpos tridimensionais. Estais aqui para cumprir missões individualizadas, para atingir a maestria e a perfeição, para sustentar as energias que atrais por meio da Luz – a energia que enaltece o compromisso único da verdadeira transformação. Assim, transmitireis às próximas gerações a consciência de Unidade, de respeito a todas as formas de evolução, de iluminação, de questionamento e de discernimento, tão necessárias neste momento de transformações, em que as pessoas se unem por meio de novas decisões, que determinarão o futuro da nova geração e da própria humanidade, a fim de que, no futuro, todos possam propagar a fé e, na Luz da Paz, comungar as energias do reequilíbrio planetário.

Assim, na Chama da Verdade, estareis ancorando as energias que perduram e atingem as irradiações de amor incondicional; que iluminam, potencializando o livre-arbítrio, nas irradiações que se fazem presentes na consciência e manifestam as energias que determinam um novo caminho; a força, que, neste momento, é a chama que celebra a consciência de Unidade e reescreve o direcionamento de um novo futuro, de um novo despertar da consciência humana.

Todos os seres encarnados estão servindo às energias da Paz. Todas as energias de consciência, mais uma vez, atingem as forças da precipitação para que todos os reinos, sem exceção, por meio da força da igualdade, tenham a mesma oportunidade de atingir as energias da Luz da Fé, que atingem a Chama do Divino pela Onisciência da Onipotência, na força maior que se faz presente no processo de ressurreição – o projeto único da Vida em vossa Bem-amada Mãe Terra.

Percebereis, então, que, da mesma forma que o espírito Gaia já evoluiu e vibra patamares acima da evolução humana, vós também, como raça humana, deveis abandonar as energias da personificação do instinto animal passado, da energia da violência e do ego manipulativo, e atingir a chama da igualdade e do amor compassivo. Que, na Luz da Misericórdia, possais perpetuar as forças do espírito, e, nas irradiações que emolduram o renascimento, possais promulgar as forças que se erguem através da fé, pela chama do vosso livre-arbítrio, e, centrados em vosso poder, na sintonia da Unidade e na força, que neste momento é a irradiação que alicerça o compromisso único com a o vosso processo intuitivo, todos os reinos irmanados possam sustentar a chama do Renascimento em ação.

Comungamos este dia sagrado para impulsionar a energia do inconsciente coletivo da humanidade no verdadeiro momento alquímico, na Luz búdica, na irradiação máxima que, neste momento, atinge a mônada, a essência da consciência crística, o poder maior da Chama Trina e o alicerce do amor incondicional, revelando as energias que celebram o Mestre Jesus, o Cristo. Pela vitória da Presença Eu Sou, atraireis as energias da Onipotência da Unidade, vislumbre constante da vitória e da maestria para que todos os reinos possam ser a expressão viva do livre-arbítrio e possam manifestar, através da fé, a energia que se faz presente no amor incondicional. Assim, percebereis que vossas emoções, sentimentos, pensamentos, atitudes, intenções e celebrações à vida estarão sempre centradas no potencial do vosso livre-arbítrio, manifestando as energias do sagrado e ancorando, pelo processo da vossa liberdade, a irradiação que vos orienta, para que, juntos, possais preservar a Consciência de Unidade, na chama da vossa vitória e da vossa maestria na Ascensão.

É importante que todos os seres encarnados transmutem as energias que não mais condizem com este momento de Luz.

A humanidade vislumbra o poder da grande porta aberta, a chama da Presença Eu Sou, a Luz da força que se faz presente na Verdade, a energia que enaltece o compromisso com a Luz da fé, que, mais uma vez, irmana todos os reinos, levando-os a manifestar as energias de igualdade, para que, na irradiação mestra desse único tempo de transformações, possais continuar condizentes com as energias que determinam um novo compromisso com a vossa consciência, a Luz do livre-arbítrio que se faz presente no amor incondicional e a chama que potencializa vossos caminhos na energia do sagrado, para que todos os reinos redescortinem, através do poder, a energia máxima do potencial do equilíbrio e da maestria e da verdadeira chama da vitória na ascensão.

Que, na sintonia deste momento, o eterno agora, possais professar o vosso exemplo, vivenciar a vossa plenitude e, com maestria, administrar vossas energias e vossas irradiações de discipulado pela chama do Ritmo, da Concentração, da Força e da própria Fé. E assim, alicerçados nas energias do caminho, percebereis a importância da iluminação do ego, da energia que se faz presente na chama que comunga os preceitos de paz plena, a fim de que todos os reinos, na chama da vitória, atinjam a força motriz que retorna ao sagrado, na manifestação de um único tempo de transformações.

Que, na chama do vosso livre-arbítrio, possais potencializar as energias mestras de um único tempo de mudanças. E, nas escolhas conscientes de vosso livre-arbítrio, possais potencializar as energias que rememoram as irradiações do absoluto, conclamando, assim, a força de Deus Pai-Mãe sobre a Terra e, como semideuses em ação, vivenciando as energias mestras do amor incondicional.

A imagem do Bem-Amado Mestre Jesus, o Cristo, traz à humanidade a oportunidade do milagre. A chama do exemplo, a vitalidade, o processo da ressurreição. Porém, alguns sobre o planeta ainda desfrutam das energias condizentes com o passado e o sofrimento. Então, que possais transmutar essa consciência na chama do poder da iluminação, a energia que determina um novo tempo, um novo ideal na Luz da Vitória, que, mais uma vez, brinda a Luz da Fé, para que, pelo livre-arbítrio, todos os reinos potencializem o chamado ao verdadeiro despertar humano, em que todos os reinos estarão conscientes da chama da vitória e irmanados na chama maior do amor incondicional, que ilumina todos os propósitos para que, na força da sintonia que determina um novo caminho, possais alicerçar as energias que reescrevem um novo tempo, um novo ideal, através da energia que se faz presente na chama mestra de um único tempo de transformações.

É momento de agir. Não mais são necessárias as palavras da raça humana. Porém, que possais servir como exemplo, como pilares de luz, que manifestam, pela vossa consciência, a energia que reescreve um novo caminho, como fontes que, mais uma vez, ancoram a fé e a luz da verdadeira vitória. Como energias que flamejam na bem-aventurança, as irradiações mestras promulgam a chama da irradiação da misericórdia e conclamam as forças de Unidade, para que todos os reinos respeitem a força da revitalização de um novo eixo e promulguem as irradiações que se fazem presentes na chama que enaltece o verdadeiro despertar da consciência – a chama da personificação da transmutação do ego humano –, para que, através do amor incondicional, todos os reinos atinjam a chama da verdadeira manifestação centrada na fé.

Que, na chama de vossa consciência, possais sustentar as irradiações da cocriação da força da Paz, e que, na Luz de vossa sabedoria, possais continuar cada vez mais conscientes de que este é um processo intuitivo, em que todos os reinos descortinarão as energias do absoluto e reescreverão a força que ilumina e potencializa as irradiações mestras, que, mais uma vez, enaltecem e conclamam o poder da comunhão. Na luz do vosso livre-arbítrio e por meio da perseverança, que possais atingir as bênçãos que, neste momento, atingem a chama de novos ideais, para que, no poder, todos os reinos sustentem o potencial máximo da própria maestria, e, na energia mestra da Presença Eu Sou, todos conclamem a precisão do servir à Luz do santo sacrário em ação.

Visualizai vossa glândula timo no centro do peito, expandindo-se como um grande sol, na irradiação maior da fé e da Luz, da harmonia e da bem-aventurança, na chama crística que se faz presente na energia da liberdade. Inspirai e expirai, atingindo a Luz da perfeição, a irradiação maior que retorna por meio do sagrado, para que todos os seres atinjam, através de novos ideais, a Luz maior do amor incondicional.

Elevai somente a vossa mão direita para o alto.

Em nome e no poder de todos os seres aqui presentes, consagramos vossas mãos e vossos chacras, para que, na Luz da perfeição, possais readmitir o vosso poder; na Luz da fé, possais renascer através do propósito vital; e, na chama da bem-aventurança, possais atingir as energias que, neste momento, condizem com o amor incondicional, a fim de que, na Luz da liberdade, possais reverberar as irradiações mestras na energia que flameja a luz do eterno agora.

Colocai vossa mão direita no timo, no centro do peito.

Que, na Luz da Presença Eu Sou e na força consagrada da Luz do timo, possais conceber as irradiações que, neste momento, equilibram vossos corpos tridimensionais, para que todas as forças do vosso corpo físico atinjam a verdadeira iluminação. Que, na força da sabedoria e por meio da fé, todos os reinos sustentem o chamado da Unidade, e, por meio da força que preserva, manifestem a verdadeira consciência, a fim de que todos os reinos respeitem as energias mestras do alicerce em que todos deverão conceber a força que potencializa a igualdade. Irmanados na Luz, todos deverão, mais uma vez, comungar as energias maiores de amor incondicional, assim determinando as irradiações de uma nova vida, de um novo ciclo, no despertar da glândula Timo e na energia de vosso coração.

Que possais perceber que a glândula Timo é fundamental no processo da maestria, pois as relações mestras deste único tempo trazem a consagração mestra do amor incondicional, chama que personifica o poder do livre-arbítrio, energia que reafirma o amor incondicional e a Luz que, neste momento, promulga a chama de um novo alicerce, da irradiação mestra de um único tempo que, pela chama da compaixão, ancora o poder da sabedoria, da Luz da fé que, mais uma vez, se irmana com todos os reinos, para que todos os seres possam ouvir o chamado da própria alma e, na Luz da razão da alma e na personificação da Presença Eu Sou, possam sustentar as energias mestras da vitória da maestria por meio da chama do alicerce na Ascensão.

Inspirai e expirai, sentindo o calor do coração na Luz do vosso livre-arbítrio. No poder deste calor que agora sentis, que possais perceber que o processo intuitivo é a Luz da vossa força e a vossa salvação. A salvação do ego humano está no timo, no vosso coração, na Luz do poder intuitivo, na chama que perdura nos alicerces e nas energias mestras que ancoram as irradiações maiores da verdadeira sintonia da alma, a Luz da vida que brinda o poder da Unidade, a chama da consciência que manifesta a força que promulga a comunhão, a Luz do livre-arbítrio, que, mais uma vez, atinge, através da Paz, a sintonia de verdade, para que assim possais perceber que tudo está interligado. Que possais perceber que vossos corpos biológicos são reflexo de vossa consciência humana, e mesmo para aqueles que não tenham consciência deste momento de mudanças, a consciência humana está passando por um novo alicerce, uma nova energia, uma nova frequência, em que todos atingem a consciência crística, para que todos os seres de todos os reinos redespertem e, pelo exemplo vivo do Bem-Amado Mestre Jesus, operem milagres através da vida, manifestando, através da Luz, a chama que potencializa a irradiação do amor incondicional, e libertando tudo o que não condiz com as energias deste novo tempo e esteja cada vez mais próximo das energias que retornam na Luz do sagrado, para que todos possam reescrever um novo caminho por meio de novos ideais.

Que, na chama da sabedoria, todos os seres sustentem as energias de amor incondicional. Que, na força do Amor, possais conceber a chama de vossa própria vida e a força que vislumbra a energia que determina um novo tempo, uma nova decisão em servir às irradiações da força que promulga a maestria, condizentes com as energias do caminho da Unidade e da certeza da Vitória – o caminho da Fé, do amor incondicional e da compaixão, o caminho que determina as energias mestras neste tempo de mudanças – e, na conservação de vossas próprias vidas, percebereis a importância de estar cada vez mais próximos de vossas almas, na sintonia única dos processos que sustentam o equilíbrio e a maestria da vossa verdade e da vossa Paz plena.

Que, através do Timo, possais reconhecer vosso próprio Deus interno, na Luz do amor incondicional. Essas energias transcendem a compreensão humana através da força da verdade. No chamado ao vosso próprio caminho, percebereis a importância de estar diante do vosso poder, a chama que impulsiona o potencial da bênção, a Luz que se faz presente e ancora a chama da vossa razão. Razão do homem crístico, que ressurge. Razão do homem pleno, que atinge a atitude crística da verdadeira consciência de Unidade, energia mestra que respeita todas as formas evolucionais que sustentam as energias de um único tempo de transformações, em que todos deverão ser a irradiação que predomina na luz do alicerce maior do amor incondicional e na chama que se faz presente na fé, rendendo graças à vida e sustentando, através de um novo eixo, a luz maior que potencializa as forças do amor e da liberdade, da Paz e da verdadeira atitude da união com Deus Pai-Mãe.

Que todos os reinos desfrutem da Chama da Sabedoria. Que todas as energias possam conceber as forças da fé e que, na força do chamado ao vosso potencial energético, possais manifestar as irradiações que saúdam o vosso sol central, vosso próprio sol interno, a Luz de Deus Pai-Mãe em vossos corações. Que possais estar conscientes desse *momentum* (acúmulo de energias positivas) de energias, de irradiações e de cristificação. Cristificação são as irradiações que se fazem presentes na Luz da chama da alma, a energia que se rende ao amor incondicional, a Luz que potencializa a Paz, as irradiações que emanam do poder do livre-arbítrio e perduram na bem-aventurança, a chama da misericórdia que potencializa a sintonia de igualdade, a Luz do livre-arbítrio que, mais uma vez, reverencia as energias mestras da alma para que todos os reinos possam, assim, continuar manifestando e transformando suas próprias evoluções por meio do sol interno que se encontra no timo.

Que possais sentir em vossos corações e na glândula Timo a energia do vosso sol interno, a chama dourada que brilha, acalentando vossos corações, corpos, vidas, intenções, irradiações mestras, vitórias e verdades. Que, na Luz da vossa gratidão, possais servir às irradiações que rememoram a vida e que, na chama de vossa própria sintonia de personificação da força do sagrado, possais continuar conclamando as irradiações que retornam para que todos os reinos redimensionem a vida, manifestando a chama da sabedoria e sustentando, através da Luz do Altíssimo, a força de todo o poder de Deus em vós.

Amados filhos, a humanidade precisa reconhecer o poder da Luz da Presença Crística manifestada na sintonia do coração. Somente assim percebereis que a perseverança e a atitude concisa através da fé são as alavancas e as ferramentas para que todos os reinos manifestem a chama de novos ideais e todos os seres possam sustentar, através do livre-arbítrio, as irradiações maiores que, pela atitude concisa, rememoram a chama do amor incondicional e a Luz da liberdade, e potencializar as energias que reescrevem um novo caminho. Assim, redirecionados por vossa própria fé, percebereis a importância daquilo que sois e daquilo que sentis, das irradiações que prevalecem e da chama da vossa verdade, da chama que sustenta a vossa vida e o poder da vossa misericórdia, da força que conclama o amor incondicional e da Luz da vossa liberdade, para que todos os reinos rapidamente reabsorvam o chamado da vida e possam ser a sintonia maior do amor incondicional e da chama da perfeição em ação.

Visualizai e senti os vossos corações físicos totalmente transpassados pela Chama Trina: o Poder do Pai, do Filho e do Espírito Santo. A presença da Chama Azul da fé, do poder e do impulso inicial, a irradiação que se faz presente pelo ritmo e pela concentração; a Chama Dourada da iluminação, da consciência e do discernimento; a Chama Rosa-Cristal do amor incondicional. As três chamas – Azul, Dourada e Rosa – pulsam e vibram em total sintonia com os universos para que, no fortalecimento de vossa Unidade, possais vislumbrar as energias da consciência, e para que, na chama da vossa própria Paz, possais continuar cada vez mais conscientes que este é o momento do despertar da raça humana, momento em que todos os seres deverão estar cada vez mais próximos da chama que revela a vida, manifestando, assim, a força que promulga as irradiações do livre-arbítrio pela Unidade infinita. Na chama do amor incondicional, estareis diante de vosso propósito, e na força do santo ser crístico, estareis diante de vosso poder individual, manifestando as energias da verdadeira iluminação e sustentando, através do vosso livre-arbítrio, a chama da Sabedoria, que renasce, através do espírito da bem-aventurança, e conclama o fortalecimento da verdade e da verdadeira fé.

Que, por meio da bem-aventurança, todos os seres espelhem a chama que flameja o Amor, e que, na força da devoção, reintegrem a vida, o alicerce motriz da sabedoria. Que possais renascer em verdade e espírito.

Apesar das irradiações do passado, a humanidade, hoje, vislumbra o verdadeiro poder da fé, do equilíbrio, da saúde e da Paz. Que possais escolher a Paz, determinar a verdade da Paz, manifestar a força que promulga a Paz e servir como exemplos vivos das energias da Paz, alicerçando as irradiações de consciência, promulgando vossos caminhos pela comunhão, enaltecendo as energias mestras que retornam do sagrado e alicerçando as irradiações que potencializam a Luz do equilíbrio, para que todos os reinos possam conceber a Chama da Verdade da Vitória por meio da verdadeira sintonia de renascimento e da verdadeira força que se faz presente no impulso de uma nova raça-raiz, de uma nova consciência humana através do homem crístico, que redesperta neste dia sagrado, manifestando um novo alvorecer.

As irradiações de renascimento ocorrem na libertação de vossos pensamentos, na libertação de vossas células, moléculas e átomos, e vislumbram e potencializam as energias da paz, que sustentam, através do vosso corpo eletrônico, as energias da perfeição. Vosso corpo eletrônico é sintonizado na Luz da Presença Eu Sou. A Luz se faz presente pelo livre-arbítrio que abre todas as portas e possibilidades para que possais trilhar vosso caminho com Consciência.

Enquanto a humanidade, ao despertar pela manhã, ainda estiver centrada no ego-personalidade, e cada vez mais impulsionada pelo inconsciente coletivo de todos os seres encarnados, maior será a distância entre a força da preservação da consciência de unidade, a consciência crística que revela a Luz da verdade.

A humanidade tem diante de si o poder de alavancar a chama da maestria, de impulsionar o amor, de determinar um caminho através da fé, de estar cada vez mais consciente, através da chama que perdura, da manifestação, através do livre-arbítrio, das irradiações que consagram, da gratidão pela oportunidade de servir à chama da vitória de renascer do espírito da Paz e de, mais uma vez, ancorar as irradiações mestras que se fazem presentes no poder que ilumina, no qual todos os seres deverão atingir a energia de amor incondicional e a vitória na ascensão.

Amados filhos, este é o grande despertar da experiência humana, que se transforma em experiência Crística. Todos os seres encarnados têm o mesmo propósito e o mesmo poder de servir às energias da longevidade, do amor incondicional, da revitalização do cálice, da chama que potencializa a vossa consciência, da chama da Luz da vossa sintonia do sagrado e da chama que manifesta as energias do amor incondicional. Percebereis que a chama da Luz de Deus Pai-Mãe, mais uma vez, atinge a consciência humana, para que todos os seres encarnados possam conceber as energias e serem semideuses em ação. Na Luz da Fé, vereis que todos os seres organizam suas energias, brindando a consciência de Unidade, manifestando a força que dispensa o passado e que, mais uma vez, determina um novo tempo, um novo ideal, a chama da comunhão, que promulga novas forças vitais na revitalização do cálice que brinda uma nova consciência de Unidade, nas energias da revelação, do amor incondicional e na força da vossa verdadeira maestria e do infinito, a sabedoria do vosso poder em ação.

Que, em vossos corações, possais conceber a energia do alento, a sintonia da respiração. A cada inspiração e expiração, que possais conceber que sois semideuses em ação. Vossas vidas deverão ser vivenciadas com alegria e felicidade, com amor incondicional e equilíbrio, na luz da fé que, mais uma vez, atinge o determinar de um novo caminho, na força que consagra todos os reinos mundanos a reescrever um novo tempo e um novo ideal por meio da fé, a permear, por meio da chama da Paz, a irradiação que, neste momento, ilumina todos os seres, levando-os a manifestar e a reescrever as bênçãos e frequências Luz de uma nova história humana, na qual, na mente crística, todos os reinos deverão atingir as energias máximas de liberdade para, no poder da fé, sustentar as irradiações da verdadeira Paz plena.

Que, na tenacidade de vossos corações, possais perceber a importância de estar próximos do poder da chama da intuição, que só redesperta quando todos os seres permitirem que isso ocorra. O despertar da intuição ocorre em silêncio: em vosso silêncio mental, no silêncio de vossas emoções, no silêncio de vossas consciências, no silêncio absoluto, pois, no silêncio, Deus fala e conclama a chama da Presença Eu Sou a, mais uma vez, atingir o poder magnético de uma nova Terra, de um novo Céu, de um novo *momentum*, de uma nova força em que todos os reinos estarão mais próximos do corpo eletrônico, atingindo assim a chama da perfeição.

A partir de hoje, pela força da unidade, estamos sustentando a Luz de todos os reinos encarnados próximas de seus corpos eletrônicos, manifestando, assim, a chama da perfeição e da vitória, da Luz e do amor incondicional, e da chama condizente com as energias de fé, na Luz do livre-arbítrio, que, pela consagração, potencializa a chama do reequilíbrio, da manifestação de um novo eixo, com as irradiações mestras da chama da verdadeira manifestação de uma nova raça-raiz, de uma nova consciência humana e de um único tempo, em que todos deverão ser a força que a chama potencializadora das energias que renascem pelo poder da verdadeira iluminação.

Que possais sentir vossos batimentos cardíacos. Colocai a palma de vossa mão direita acima do coração físico. Inspirai e expirai, percebendo a chama do renascimento, manifestando, por meio da Luz, a força que potencializa o equilíbrio; sustentando, por meio da fé, a sintonia da verdadeira sabedoria; e manifestando, por meio da Paz, a energia de congruência de vossas atitudes concisas através da liberdade.

Na inspiração e na expiração, potencializai a chama da vossa vitória, manifestando, pela força do amor incondicional, a Luz do livre-arbítrio, pela qual renascereis na chama que se faz presente na paz plena e estareis cientes das energias de novos *momentuns* (acúmulos de energias positivas), em que todos os seres expressarão a força que flameja e as irradiações mestras de um único alicerce na verdade e na misericórdia, através da Paz.

Que, neste momento de consagração, possais conceber a sintonia que renasce da chama que determina um novo poder e que sustenta as irradiações do livre-arbítrio e da sintonia única que transcende a compreensão humana, em que todos os reinos potencializarão as energias do chamado da alma, assim compactuando com as irradiações que fortalecem a vida, na sintonia única do reequilíbrio, que fortalece a chama da verdade e a própria maestria, em que todos perceberão a importância do coração físico para a vida tridimensional.

Que possais manter o coração alimentado nas energias do cérebro, com bons pensamentos e com forças de intenções totalmente sintonizadas com a chama da força positiva, para potencializar cocriações que rememoram o chamado à vida, à luz da alma e à força que renasce na sintonia da Paz, a energia que reverbera irradiações mestras deste único tempo de transformações, a luz do chamado crístico do amor incondicional e a força que emoldura o verdadeiro poder, para que, à luz do vosso renascimento, possais sustentar as energias que predominam na chama da misericórdia, nas irradiações da sabedoria e na sintonia da força do verdadeiro renascimento em ação.

Renascer significa perceber aquilo que é necessário mudar; ancorar, na consciência e na atitude concisa, assim como na força da precipitação, as energias, os preceitos e as escolhas; e, na energia de novas escolhas, determinar as irradiações condizentes com a chama da liberdade, para que todos os reinos potencializem a força da fé e sustentem, nas energias mestras do reequilíbrio, a verdadeira força da misericórdia, que enaltece a Luz do reequilíbrio, para que todos os reinos manifestem o poder único do verdadeiro potencial da energia da transformação.

Que, neste *momentum*, possais sentir vossos batimentos cardíacos à luz do vosso poder, na sintonia que sustenta a chama do amor incondicional, na força do reequilíbrio que, por meio da Paz, atinge a energia mestra que potencializa todos os reinos vindouros a servir as energias que enaltecem e conclamam o chamado único da verdadeira sintonia da Unidade, a irradiação que personifica a bem-aventurança, nas irradiações maiores do amor incondicional e que, através da Luz do vosso livre-arbítrio, possais continuar cada vez mais na Luz da vossa verdade, manifestando o amor compassivo; assim, na chama da compaixão, compreendereis que todos são Unos na consciência da perfeição, na consciência do amor incondicional, na consciência da vossa verdadeira Paz.

Juntos, oremos *A Grande Invocação*:

Do ponto de Luz na mente de Deus,
que flua Luz às mentes dos homens,
e que a Luz desça à Terra.

Do ponto de Amor no coração de Deus,
que flua amor ao coração dos homens,
que Cristo retorne à Terra.

*Do centro, onde a vontade de Deus é conhecida,
que o propósito guie as pequenas vontades dos homens,
propósito que os Mestres conhecem e servem.*

*Do centro, a que chamamos a raça dos homens,
que se realize o plano de Amor e de Luz
e feche a porta onde se encontra o mal.*

*Que a Luz, o Amor e o Poder
restabeleçam o Plano Divino sobre a Terra
hoje e por toda a eternidade. Amém.*

Que, na força do vosso poder, possais reequilibrar as vossas energias. Enaltecidos pelo livre-arbítrio, estareis aptos a servir às irradiações de vossa própria alma e, na chama da fé, reescrevereis um novo caminho, que alicerça o amor incondicional, chama que equaciona na dimensão humana, a dimensão crística, luz maior que ancora, através da verdade, as energias que revelam o processo intuitivo, em que todos os seres deverão compreender a verdadeira linguagem da vida, a linguagem da Luz, pois sois Luz! Vosso corpo eletrônico é a chama da transcendência, é a personificação do vosso corpo de Luz em ação.

Que possais atingir essas energias pela força que potencializa a irradiação maior de vossa própria fé e, na chama condizente com as energias do reequilíbrio, potencializareis a sintonia que enaltece o vosso propósito por meio do chamado único, as energias que emolduram um novo caminho por meio da vossa verdadeira Paz. Que, nas irradiações deste novo tempo, possais sustentar as energias que retornam do sagrado na chama do eterno agora.

Que possais, assim, abraçar essa nova irradiação em vossos corpos, abraçar a sintonia do vosso corpo eletrônico em vossa vida, e acoplar a sintonia de vosso corpo de Luz em vosso corpo tridimensional. Assim, percebereis que sois Luz em corpos físicos, e a vossa Luz deverá trazer o renascimento em ação.

Amor e Luz,
Eu Sou Saint Germain.

Neste momento, interrompa a leitura por cinco minutos, pelo menos.
Levante-se, dê uma rápida caminhada, estique o corpo, beba água, medite um pouco... Depois, então, volte a ler.

Mensagem do Mestre Jesus Sananda
Canalizada por Carmen Balhestero

Amados irmãos e filhos,

Eu Sou o Poder da Ressurreição, para que todos os reinos encarnados possam atingir, através da fé, a consciência de Unidade. Pelo despertar da vossa revelação à energia mestra de Luz deste novo tempo, percebereis a importância de estar diante do vosso poder. Irmanados pelo vosso livre-arbítrio, estareis aptos a servir às Chamas da Sabedoria, manifestando, através da força do livre-arbítrio, as irradiações condizentes com a chama da verdadeira comunhão.

Os preceitos da Unidade estão centrados no ritmo, na concentração, no alento, que é a vossa voz interior, através da respiração e da chama que impulsiona vosso coração físico a transcender as energias da compreensão humana e, assim, alicerçar, através da fé, a força que, por meio de novos *momentuns*, flameja as irradiações mestras que predominam nas energias crísticas da iluminação.

Que, neste dia sagrado, por meio do Renascimento, a humanidade possa atingir a força que conclama um novo patamar espiritual, um novo patamar da consciência, da mente crística, da mente búdica, da energia máxima da verdadeira sintonia da revelação, em que todos deverão estar cada vez mais próximos das alavancas mestras da energia da Unidade, por meio da consciência que se faz presente na chama da Imortalidade, na presença das irradiações mestras que, nestes momentos, promulgam as forças que emolduram o renascimento, para que, na chama que alicerça o vosso propósito, possais continuar renascendo pelo princípio universal, pela chama de vossa Luz, Verdade e Sabedoria por meio da Luz que é a sintonia do discernimento potencializado, na energia mestra do autoconhecimento em ação.

A Unidade se faz presente na força da comunhão de pensamentos e de vibrações. Sois corpos de Luz em corpos tridimensionais. Sois a força de vossa alma na energia que determina vosso novo corpo, irradiação da fé que sustenta o verdadeiro poder que ilumina, sintonia única do caminho de vossa força crística, que, mais uma vez, reativa a consciência de Unidade, fortalecendo as energias dos veículos magnéticos de uma Nova Terra, de um Novo Céu, de um novo alicerce, de uma nova humanidade que predomina pela Ressurreição.

Ressurreição significa estar livre do passado, dos limites humanos, daquilo que não condiz com as irradiações que emolduram o Renascimento, livres de tudo o que não mais condiz com as energias que, neste *momentum*, se aproximam da força e determinam o alicerce maior que precipita a força de uma nova humanidade, Luz do amor incondicional que potencializa, através do amor absoluto, as energias que renascem, força da Paz que, mais uma vez, redireciona a vida através de irradiações do princípio universal, na sintonia do alicerce da vossa verdade e maestria, por meio da vossa consciência humana.

Que possais perceber que a liberdade verdadeira é a sintonia de vossa mente, a chama da Ressurreição, a Luz da fé que, mais uma vez, promulga a energia mestra da vossa consciência, a Luz do atma da vida e a força da Presença Eu Sou.

Pelos caminhos da Unidade, preservareis a vossa vida e a vossa consciência, a nova raça-raiz, e potencializareis as energias do chamado à vida, assim, enaltecendo as irradiações mestras deste único tempo de transformações.

Os caminhos da Unidade se fazem presentes no silêncio e na energia que se renova por meio do potencial maior de formas-pensamentos concisas, na luz da vossa consciência crística, e na energia mestra da luz do amor incondicional, que liberta a verdadeira esfera da energia humana e iguala todos os reinos no serviço da força do amor incondicional e da liberdade, através da verdadeira compaixão.

O amor compassivo é a luz do livre-arbítrio que impulsiona a vida, a chama da paz que renasce por meio fé, o propósito da vitalidade que renasce por meio do espírito, e a chama da bem-aventurança que comunga o poder da Luz por meio da Ressurreição, quando todos os seres deverão redirecionar seus propósitos por meio do poder do livre-arbítrio, que é a força que descortina a vossa luz interna e o poder da vossa Presença Crística que renasce.

Por éons, a humanidade sustentou a luz do poder do milagre da vida, a energia do atma da Luz da Presença, a força do amor incondicional e a chama do exemplo. Quando estive entre vós, trouxe a energia da multiplicação, da força da irradiação da fé, do propósito da vitalidade, da sintonia que, através da plaz plena, reconheceu a força que se faz presente no poder maior que revela a consciência humana na energia de vossa própria mente, na sintonia do livre-arbítrio. Assim ponderastes no passado, atraindo as energias que permanecem centradas na fé, irmanando, através da luz, o espírito da bem-aventurança, para que todos os reinos pudessem estar condizentes com as energias da verdadeira sintonia que promulga um novo futuro e que sustenta um novo poder e um novo propósito através da sintonia da Unidade.

A Unidade simboliza a união de formas-pensamentos da consciência humana, a união de novos valores e de novas precipitações. Sabeis que quando Sidartha Gautama atingiu a Iluminação, toda a humanidade subiu um degrau na chama da vida, potencializando, através da fé, a luz do reequilíbrio e a manifestação do verdadeiro *momentum*, energia que se faz presente na chama que eclodiu em todos os alicerces de novos horizontes, atingindo a força do processo iniciático de um novo tempo – o tempo da vitória, da verdade, da maestria e da ascensão. É momento, pois, de a humanidade preservar a consciência, vivenciar a unidade do espírito, manifestar a bem-aventurança, iluminar todas as irradiações que flamejam através do propósito, que é a chama do reconhecimento único no poder da fé, emoldurar com o amor incondicional a sintonia presente no livre-arbítrio, e enaltecer, no compromisso com a própria alma, o plano da sabedoria que comunga o preceito do amor intrínseco e revela, através da luz, a vitória da Presença Eu Sou.

Vós sois o vosso próprio caminho. Que possais reconhecer vosso caminho interno e a energia que promove a comunhão da Unidade que, neste momento, ancora a verdadeira força da preservação humana, o equilíbrio em que todos os reinos deverão estar conscientes da força da fé, manifestando o amor incondicional pela Luz da alquimia.

Pelo Meu exemplo vivo, a humanidade segue hoje vários caminhos. Cada um trilha o seu patamar interno de verdade, de paz e de luz.

Neste único tempo de mudanças, que possais continuar próximos ao vosso coração, e que, na luz do amor, possais continuar atingindo as energias mestras da força que unifica; assim, estareis condizentes com as irradiações que renascem, e, na chama de vosso livre-arbítrio, atingireis as Bênçãos da paz e a verdadeira sintonia de Unidade na sabedoria, no discernimento e na força da verdadeira cocriação.

A cocriação está centrada na fé, na luz do vosso poder e em vosso coração interno, que é a chama da paz que emoldura o renascimento e a luz da misericórdia, que evoca todas as irradiações maiores da grande hoste angélica e propaga, através do renascimento da humanidade, o chamado ao verdadeiro despertar – o despertar da consciência crística, da sabedoria, do livre-arbítrio, da consciência una pela fé, do despertar das energias que potencializam as irradiações de equilíbrio e do despertar da raça humana, que, mais uma vez, faz com que todas as forças prevaleçam.

Que, na chama da maestria da Presença Eu Sou, todos os seres possam revigorar as energias da vitória por meio da verdadeira paz sustentada.

Que, neste momento de transformação, possais continuar concebendo as sintonias que, na vitória, irradiam a luz da sabedoria, as irradiações que reescrevem um novo caminho através da paz. As energias que, através da fé, atingem a sintonia de um único momento, no qual a força preserva a bem-aventurança na verdadeira dispensação crística.

De tempos em tempos, soa o chamado para que todos os discípulos da luz, conscientemente, abracem a força da dispensação crística, e hoje, na verdadeira intervenção divina, a humanidade tem o poder de sustentar, através da fé, o renascimento. O renascimento da transmutação da personalidade e do ego humano, o renascimento da força que promulga a luz, o renascimento da verdadeira sintonia da alma que se faz presente através do amor intuitivo, no processo que é o poder que ilumina, para que todos os reinos possam continuar iluminando a consciência humana com fé e possam alicerçar, através da sabedoria, o amor incondicional. Assim, vereis que todos os seres diante do próprio santo sacrário deverão atingir o cálice que eleva a consciência humana, que promulga o despertar do santo ser crístico, que emoldura o renascimento e que faz com que todos o reinos possam permanecer centrados na luz do livre-arbítrio e nas energias mestras do amor incondicional.

Que, na chama do poder, possais continuar cada vez mais próximos da luz de vossa vitória. Preservando o sentido da Unidade, nas irradiações de renascimento, estareis aptos a servir às forças do silêncio e às energias que servem às irradiações maiores de Deus Pai-Mãe, para que, na verdadeira intervenção Crística, a humanidade atinja a harmonização do inconsciente coletivo por meio da força potencializadora da chama da Paz.

Visualizai à vossa frente o planeta Terra transpassado pela chama Dourada e, acima dele, toda a Grande Hoste Celestial, com todos os Anjos, Arcanjos, Querubins, Serafins, Elohins, todos os Tronos de todas as forças maiores de Luz, para que, no poder crístico de Deus Pai-Mãe, a força da Luz se faça presente e todos os reinos ancorarem as forças que prevalecem na energia que determina a chama da sabedoria, a fim de que, na luz do amor incondicional e na chama do eterno agora, possais sustentar a força de um novo *momentum*, em que a humanidade como um todo desperte a consciência através da verdadeira paz.

Em nome e no poder da bênção de todas as forças crísticas a mim concedidas pela verdadeira intervenção divina da luz de Deus Pai-Mãe, desce do Grande Logos Planetário a luz maior da fé, da força que perdura na chama da imortalidade e da longevidade, da maestria e da ascensão, para que a humanidade renuncie à força do protótipo do medo e, mais uma vez, alicerce a força da sabedoria na luz do amor incondicional, assim concebendo as energias que atingem o processo da verdadeira iluminação.

Consagro, neste momento, todos os seres encarnados a servir suas almas com iluminação e poder, vitória e verdade, amor incondicional e fé, sustentando a força da energia maior que, neste momento, manifesta a saúde, a energia maior que enaltece a verdadeira cristificação e a consciência de paz, irradiação motriz que se faz presente para que a humanidade sustente as energias que promovem as condições de ser semideuses em ação, manifestando o plano tridimensional e atingindo, pelo livre-arbítrio, as irradiações que se irmanam na força da bem-aventurança, enaltecendo as irradiações mestras na chama da verdade e vislumbrando, no poder, a sintonia que renuncia ao passado e alicerça no eterno agora a chama do instante sagrado, em que os milagres se fazem necessários e promovem as irradiações maiores do amor incondicional, atingindo, assim, a força do renascimento de uma nova atitude, de uma nova consciência na preservação da espécie humana e na chama mestra da verdadeira vitória na Luz.

A vitória vos pertence. Sois vitoriosos na chama da consciência, na chama de todo o inconsciente coletivo, na força da luz dourada em que todos os reinos manifestam discernimento e iluminação. Que, na luz do vosso livre-arbítrio, possais preservar a consciência humana; escolher a vitória na luz; escolher, na luz do silêncio, a chama do vosso propósito; manifestar, através do equilíbrio, a energia que renasce; conceber, através da fé, a luz do reequilíbrio; e manifestar, através da igualdade, a chama que determina a intervenção crística da verdadeira iluminação.

Em nome e no poder de todos os seres que venceram o mundo da matéria pela energia de todos os avatares, nas Bênçãos de Krishna, que a força maior da verdade e da vitória se manifeste, e que todos os seres atinjam, através da consciência, o poder que ilumina e a chama que potencializa a verdadeira escolha consciente da verdadeira maestria e da verdadeira ascensão. Para que

todos os reinos não mais sejam amedrontados com as energias do ego-personalidade, mas que possam transmutar essa personificação da mente racional e, atingindo a consciência crística, possam manifestar a luz de um novo tempo, de um novo ideal, a alavanca maior que é a luz que predomina através da maestria, a chama que renasce através da fé, e a luz que emoldura o verdadeiro renascimento através da luz da Presença Eu Sou.
Elevai vossas mãos para o alto neste momento.

Em nome e no poder de todos os Seres da Fraternidade Branca, consagramos os chacras de vossas mãos para que possais abençoar e curar e, na luz da Presença Eu Sou, possais renascer na verdade e no espírito, e que, na força de vosso próprio poder, possais impulsionar a fé e a chama da misericórdia, renascendo por meio da força da bondade, enaltecendo o reequilíbrio através do livre-arbítrio, manifestando a sintonia de vossos ideais por meio da paz, atingindo vossa própria chama da maestria através da luz, promulgando a luz da verdade através da vitória, e, por meio da consciência, enaltecendo a verdadeira manifestação de uma nova energia, de um novo tempo, de uma nova escolha e da força que traz a irradiação que se compromete a servir à luz da verdade, pois, na verdade, reverenciareis a vossa essência. Na verdade, reconhecereis o poder de Deus em vós e, na Luz de Deus Pai-Mãe, potencializareis as forças do espírito, e, na chama da bem-aventurança, abraçareis a oportunidade ímpar de vossa própria consciência através da luz da vossa verdade, do vosso corpo, na chama da vossa consciência através da chama da vossa vitória na Luz da Presença Eu Sou.

Colocai vossa mão direita sobre o vosso coração físico, e a mão esquerda acima da direita.

Em nome e no poder de todos os seres aqui presentes, abençoamos vossos corações para que a humanidade renasça e para que, na luz da fé e do livre-arbítrio, o amor incondicional impulsione o despertar da energia UNA, e, na força da UNIDADE, todos os reinos, com sabedoria, sustentem a liberdade, manifestem a chama que flameja o amor incondicional, impulsionem, através da luz da vida, a misericórdia, e manifestem PAZ por meio da chama que determina a irradiação mestra de um único tempo de transformações. Nesse tempo, todos os seres deverão estar cada vez mais conscientes do processo evolucional de um novo alicerce, de um novo tempo, de um novo ideal e de uma nova vida, para que, através da fé, a força maior atinja a consciência e, na Onipresença de Deus Pai-Mãe, todos os reinos, sem exceção, conclamem a CULTURA DE PAZ e assumam a consciência crística e a força da consciência búdica, o corpo eletrônico de luz em corpo tridimensional, alicerçados na chama trina em vossos corações. Que, através da fé, possais potencializar o vosso renascimento – a celebração da vida que ocorre a cada alvorecer.

Ao despertar, que possais conclamar o poder do Sol, a energia da vida e a força que apregoa as irradiações da Mãe Terra, a luz do pulsar da vossa vibração interna que, mais uma vez, traz a energia da vossa verdadeira transcendência. Sois seres de Luz em corpos tridimensionais. Sois seres de Paz em corpos tridimensionais. Sois forças que retificam as forças da Consciência de Unidade, manifestando a energia de vossa vitória na luz de vossa verdade e na chama maior que se faz presente, através da verdadeira fé, para que todos os reinos se irmanem e, por meio da chama da bem-aventurança, possam promover as irradiações mestras que conclamam a sintonia de uma nova consciência humana e, assim, readquirir o poder do livre-arbítrio manifestado na certeza de que todos os reinos atingirão a perfeição rapidamente, pois a UNIDADE faz com que todos os reinos possam silenciar a voz do medo e transmutar tudo o que não condiz com as irradiações da glória de Deus sobre o planeta, para que a força da Paz permeie as energias da bem-aventurança e, na luz da misericórdia, todos os reinos manifestem a força da maestria, a fim de que, na chama da ascensão, todos os seres escutem o arauto deste novo tempo, ancorados na misericórdia, na maestria e na verdadeira chama que renasce em todos os corações.

Que, no propósito de vossa vitória, possais renascer na chama de vossos corações e que, na luz de vossa força vital, possais iluminar todos os reinos que convosco caminham, nas energias que determinam a força de vossa paciência, em sintonia com a ciência da paz, com a energia que se faz presente na força que predomina na iluminação e na sabedoria, envolvendo o inconsciente coletivo da humanidade.

Visualizai à vossa frente o Planeta Terra transpassado pela Chama Dourada. Que possais envolver todos os dirigentes governamentais e líderes de todos os países em conflito e guerra na Chama Dourada da consciência, para que a iluminação ocorra, para que o discernimento determine a Paz e que todos os seres escolham a Paz e a luz por meio da alavanca mestra do amor incondicional, a chama que renasce no exemplo, potencializando a energia que determina a força da fé, chama que predomina no amor incondicional, a energia excelsa da vida, para que todos os seres sejam a força que expressa a benevolência, o amor, a paz e a determinação de um novo caminho de vitória, por meio da chama do vosso poder, na potencialização de vossa força interna, que determina um novo caminho, por meio do vosso renascimento em ação.

Visualizai o inconsciente coletivo da humanidade transpassado pela Chama Dourada, para que a luz da consciência da sabedoria impulsione a comunhão de novos recomeços e que, recomeçando no eterno agora, cada ser sustente a energia de novos ideais, assim como cada força e poder manifestem a força que potencializa as irradiações mestras que, neste momento, brindam a chama da sabedoria, para que todos os seres rapidamente reformulem as irradiações da verdadeira consciência humana por meio da força que potencializa a energia maior do amor incondicional e da verdadeira sintonia de renascimento em ação.

O chamado soou e a humanidade ouviu. A luz da fé é a força que, neste momento, permanece centrada na chama que irmana todos os seres encarnados nos reinos mineral, animal, vegetal e hominal, a servir à força do coração.

Na luz do silêncio do coração, promulgareis as forças do propósito, que manifesta as energias da vida e renasce, através do amor incondicional, impulsionando à vitória e manifestando a verdadeira entrega: entrega à luz da Presença Eu Sou, entrega ao poder da vossa própria vida.

Eu Sou a Ressurreição e a Vida. Vós Sois a Ressurreição e a Vida. A humanidade é o poder da Luz. A humanidade é ilimitada. Vós sois o poder de renascer a cada instante sagrado para iluminar vossas energias e vossas mentes consciente e inconsciente. Vós sois a força que determina vossas atitudes concisas na fé. Que, pelo vosso exemplo vivo, possais renascer e mostrar à humanidade um novo caminho, mostrar que é possível vivenciar as energias que estão acima da egrégora do inconsciente coletivo. Vós sois a força da saúde e da plenitude, do amor incondicional e da paz, do exemplo do milagre da vida e do arauto de um novo tempo, que traz, através da vivacidade, a esperança de um novo caminho, à luz da fé que se orgulha em vivenciar as energias mestras da onisciência de Deus Pai-Mãe presentes em cada corpo tridimensional encarnado em vossa bem-amada Mãe Terra.

A Luz do Amor é a força que flameja no espírito. A chama do reconhecimento da vossa luz é a sintonia da verdade. A energia que enaltece o amor incondicional é sintonia única que transcende a compreensão humana pelo compromisso em servir às forças que reverenciam o amor e a determinação de um novo propósito, em que todos os reinos deverão ser a expressão viva, que, mais uma vez, reconhece, através do amor incondicional, o compartilhar da essência e da fórmula da vida.

Quanto mais a humanidade estiver centrada, exemplificando e vivenciando o Amor Incondicional, maiores serão vossas conquistas, maior será vossa energia de maestria e ascensão, e mais distantes estareis das irradiações que não mais condizem com as forças da perfeição. Alicerçados na fé, percebereis a importância do que sois com consciência, a importância de que todos os seres deverão ser a expressão viva da fé, no alicerce do amor incondicional e no renascimento de uma nova raça-raiz, que emoldura o processo iniciático de uma nova chama de bem-aventurança, por meio da verdadeira Paz.

Que todos os seres saúdem as energias da iluminação, e que, no seu poder, a humanidade possa ser conduzida pela força da verdade, da humildade e da integridade e, pelo exemplo, possa vivenciar a paz plena, comungando os preceitos universais da vossa vitória. Na Luz da vossa Presença Eu Sou, manifestareis a vossa verdade e a chama da vossa maestria.

Juntos, repetiremos algumas afirmações:

Eu Sou o poder da Vitória em ação.
Eu Sou a Paz em ação.
Eu conclamo a Paz.
Eu Sou a Paz!
Eu visualizo a Paz.
Eu cocrio a Paz.
Eu manifesto a Paz.
Eu Sou a Paz!
Eu Sou Luz!
Eu Sou o Que Eu Sou!
Eu Sou o Que Eu Sou!
Eu Sou o Que Eu Sou!

Na chama da Presença Eu Sou, a humanidade tem diante de si o poder da misericórdia. A Luz se faz presente na igualdade, força que predomina no Amor Incondicional, Luz que direciona em um novo caminho, força do propósito que alicerça um novo tempo, energia eletromagnética que, mais uma vez, atrai todo o poder da vida, para que todos os reinos possam ser a expressão viva da consciência, da competência, do Amor Incondicional e da diretriz de um novo caminho.

Percebereis que todas as irradiações mestras da Onipotência de Deus Pai-Mãe ancoram o poder da fé, iluminam as irradiações do Amor Incondicional e potencializam, através da graça, a energia do milagre da vida a cada alvorecer.

Amados irmãos e filhos, nas energias mestras da Unidade, que possais conceber, professar e comungar as energias da vossa Onisciência, pois a Luz de Deus Pai-Mãe em vossa Presença Eu Sou conclama a humanidade a servir a chama da fé, que nasce por meio da vida, no alento do Amor Incondicional, reverenciando a energia vertente do equilíbrio, que se manifesta na luz a sabedoria. Todos os reinos encarnados deverão manifestar, através do livre-arbítrio, o verdadeiro propósito da UNIDADE, do respeito, da força mútua de novos valores, de novas energias e escolhas que, mais uma vez, transcendem a compreensão humana, na força que flameja e promulga Consciência de UNIDADE e da própria iluminação.

Visualizai à vossa frente o planeta Terra transpassado pela Chama Dourada. Que todos os dirigentes governamentais do Brasil, berço do novo milênio, todos os líderes governamentais, todos os seres e todo o planeta possam, por meio da fé, sustentar a chama do Propósito Puro e Perfeito e, com sabedoria, possam abraçar a Luz da verdadeira sintonia de Paz, Justiça, Igualdade, Amor Incondicional, Fraternidade, congruência das energias maiores de Amor Incondicional e liberdade plena para que a força da consciência humana redesperte as energias de um novo tempo, de um novo *momentum* e de um novo processo da verdadeira iluminação individual e planetária.

Que, nas Bênçãos de Renascimento, a humanidade possa ver renascer um momento único de transformações, de mudanças, de consciências, de forças que, por meio da fé, descortinam a força que flameja o Amor Incondicional, a verdade e a força do Renascimento em ação.

Agradecemos vossos agradecimentos e que, à Luz do vosso livre-arbítrio, possais potencializar o chamado único que predomina na Ressurreição em ação.

Amor e Luz,
Eu Sou Sananda em vós

Mensagem de Lord Maytreia
Canalizada por Carmen Balhestero

Amados filhos,

Eu, Maytreia, vos abençoo através do Buda do futuro, para que, na consciência da vossa energia da cristificação, possais buscar o reequilíbrio e, assim, percebereis a importância de reaprender a silenciar a mente, pois na mente tendes o mergulho profundo na consciência de Deus, onde encontrareis o fortalecimento da vossa fé e alimentareis as vossas energias, sustentando as irradiações de vossa harmonia, com as quais fortalecereis os vínculos eletromagnéticos de vossos impulsos mentais, para que possais continuar cada vez mais próximos das energias da essência, assim comungando as irradiações de iluminação, que trazem, na aurora da sabedoria, a energia da consciência humana, na qual todos os reinos deverão expressar, por meio da vida, a energia que renasce, e todos os seres deverão expressar, através da fé, a energia que predomina na consagração de um novo tempo.

Na oportunidade de uma nova força eletromagnética sobre o vosso planeta, percebereis a importância deste novo momento de Renascimento, que impulsiona a consciência humana, a consciência de Unidade, a consciência do Divino, a consciência da Paz, a Sabedoria da Paz e a Luz do poder do livre-arbítrio, que, mais uma vez, redireciona a força da energia crística em ação. Assim, percebereis que todas as irradiações de amor incondicional potencializam a chama que sustenta um novo *momentum*, a verdadeira sintonia da fé, a irradiação que se irmana pelo poder da energia que, neste momento, transcende a compreensão humana; a força que, no absoluto, potencializa a congruência de todos os novos ideais para que, ancorados no poder maior que conclama todos os reinos a manifestar a chama da verdadeira consciência, possais continuar congruentes com vossas novas escolhas, nas energias da vossa verdadeira iluminação.

A humanidade transcende a compreensão do patamar do passado, sustenta a energia de um novo tempo por meio da fé, reescreve um novo caminho por meio da Luz e manifesta as energias que personificam a chama da consciência por meio de uma nova egrégora. A humanidade sustenta um novo horizonte por meio de novos ideais, manifesta a força do chamado à vida por meio do Amor Incondicional e ilumina todos os reinos a manifestar, por meio do poder, a verdadeira chama de maestria que, mais uma vez, é compartilhada, para que todos, rapidamente, possam elevar a consciência crística, manifestando a verdadeira energia da UNIDADE e o poder maior da Iluminação.

Visualizai o vosso cérebro transpassado pela chama azul cobalto.

Em nome e no poder de todos os seres da Fraternidade Branca Universal, nós reativamos vossas energias e vossas glândulas pineal e pituitária, para que, através consciência crística e da consciência búdica, a humanidade possa transcender as energias da consciência humana e possa, assim, mais uma vez, transmutar a consciência racional, enaltecendo as energias que, neste momento, alicerçam a fé, que manifesta, através do amor incondicional, o chamado à vida, ancorando a verdadeira paz e a sintonia da mudança congruentes com as forças que revelam a onisciência, que manifesta as energias maiores de amor incondicional e preserva a consciência humana, enaltecendo a Paz e a verdadeira Luz sustentada, através das energias mestras de amor incondicional, a chama que impulsiona a vida, a fim de que todos os reinos redirecionem um novo alvorecer. A sintonia da consciência de UNIDADE, o princípio maior do poder, a Luz da fé e do ritmo, da concentração e da certeza de que o Caminho Uno é a força maior que, neste momento, reúne todos os reinos encarnados a servirem à verdadeira precipitação em ação.

A chama do Cristo vivo – Luz da energia da nova vinda do Cristo –, nada mais é que a ressurreição do ego-personalidade, a completude de vossa maestria na Luz, a chama que transcende vossa força e poder, a energia do Amor compassivo que liberta, a sintonia que conclama todos os reinos a potencializar a sabedoria, através da chama do livre-arbítrio, e as energias que conclamam um novo alvorecer a manifestar, por meio da energia mestra, a força da vossa própria sintonia na irradiação maior do Amor Incondicional, para que todos os reinos possam estar harmonizados com a vida, preenchendo almas, corações, corpos sutis e forças que reverenciam a onipotência maior do Amor Incondicional.

Que, na chama da Paz, possais atingir a chama do poder. Que, na força da misericórdia, possais manifestar, por meio da fé, a irradiação maior que potencializa a chama do Renascimento e, que, pela força do vosso caminho individual trilhado conscientemente, possais continuar atingindo a força maior que determina um novo propósito, um novo despertar da consciência humana na chama do amor incondicional e da vossa Consciência de Unidade em ação.

Que, na força do Amor Incondicional, possais continuar ancorando as forças que precipitam, possais renascer na verdade, possais ressurgir com consciência, possais manifestar o equilíbrio através de um novo horizonte e, através da fé, possais precipitar a energia maior do amor incondicional e iluminar as energias crísticas da força que reverbera através da vida, na chama do verdadeiro Renascimento, para a luz da imortalidade, a chama da longevidade, da vossa maestria e da vossa verdadeira ascensão.

Nos primórdios da vida humana, a humanidade buscou a energia das forças do autoconhecimento. Hoje, iniciais uma nova evolução: a evolução crística, não mais a evolução humana, pois a energia do inconsciente coletivo atinge a força que, pela benevolência, preserva a irradiação maior que sustenta a força da fé, que, por meio da vida, mantém o alento maior do Amor Incondicional, que impulsiona a energia da verdade, a qual conclama a servir às irradiações do espírito, na energia mestra do Amor Incondicional. E, assim, por meio da sintonia da consciência, percebereis a chama que preserva a onisciência, o arauto maior da vossa própria Luz e as irradiações que predominam na energia que renasce a cada *momentum* da vossa verdadeira manifestação da Unidade, por meio da preservação da vitória da consciência humana, da Luz do alicerce motriz do equilíbrio e da maestria.

Que, neste momento excelso, através do Renascimento, a humanidade reacenda a chama da própria completude, a energia da Paz que determina um novo caminho, a Luz da Sabedoria que traz a consciência, a energia da fé que determina sabedoria, a força que conclama a redespertar um novo tempo, energia maior que se irmana pelo princípio universal nas irradiações da bem-aventurança e Luz do Amor Incondicional, que, mais uma vez, flameja na consciência da Unidade, a força da verdadeira harmonia, o propósito de Deus Pai-Mãe que se cumpre no Logos Planetário.

Que as irradiações maiores do Amor Incondicional impulsionem a certeza do chamado à vida. Que a Paz irmane todos os reinos por meio da bem-aventurança e que, na celebração à consciência, todos os reinos possam atingir as energias que emolduram o verdadeiro chamado à vida, à força de sabedoria e ao poder que faz a consciência humana manifestar graças e milagres, em sintonia com as energias maiores que se rendem através da vida e reescrevem a própria força por meio da fé.

Que, nas irradiações do Amor Incondicional, possais, com consciência e por meio do livre-arbítrio, atingir a sintonia da Unidade, o propósito do Amor Incondicional, a chama que precipita as irradiações maiores que emolduram o Renascimento na chama conclusiva do vosso próprio livre-arbítrio, que impulsiona a energia mestra na força da verdade, para que, por meio do alicerce do Amor Incondicional e do poder, todos os reinos redirecionem a vitória e a maestria na chama do Amor Incondicional e na sintonia da Iluminação.

Que, neste momento de transformação e nas escolhas conscientes de vossa própria alma, possais atingir as forças que reedificam a manifestação de um novo tempo, de um novo ideal, de um novo alicerce, de uma nova irradiação motriz, de um novo *momentum* energético, no qual todos os reinos estarão diante do próprio poder e manifestarão o equilíbrio e a força da bem-aventurança, sustentando a chama da liberdade na força do Amor Incondicional e ancorando na razão crística o potencial quântico de, mais uma vez, iluminar, conceber, manifestar, sustentar e brindar à Vida, celebrando, com todos os reinos, a manifestação de uma nova egrégora, a energia constante e a força dos alicerces maiores da irradiação crística de um novo *momentum*, em que todos os seres vislumbrarão a força maior da chama da consciência em ação.

Que, na Luz do poder do livre-arbítrio, todos os reinos elevem a consciência. Que, na chama da iluminação, toda a força vindoura sustente o amor indivisível. Que, no poder maior da verdadeira manifestação do propósito, todos os reinos reescrevam as energias que libertam e manifestam, nas bênçãos do Amor, a Luz de um Novo Despertar da Consciência intrínseca, por meio da Verdadeira Paz.

Que, nestes momentos de celebrações do Renascimento, a humanidade manifeste, através da verdade, a irradiação do exemplo vivo, a chama que sintoniza a força do Amor Incondicional. Que o princípio universal do Amor, da razão e do sentir perdurem. Que as forças do indivisível possam conceber, através da vida, a verdadeira consagração de um novo eixo, de um novo alicerce, de um novo *momentum*, de um novo tempo, de um novo poder, e de um novo potencial, em que todos os reinos se libertarão e, na chama da libertação, atingirão a energia mestra da verdadeira manifestação da liberdade em ação.

Que a chama da fé impulsione a Vitória e que, através da Luz, todos os reinos manifestem, por meio da Verdade, a chama da Paz. Que todos os seres emoldurem o Renascimento e que todas as forças do Renascimento possam ser o vislumbre da consciência eterna por meio do Amor Incondicional e da Vitória do Sagrado, na chama que, neste momento, atrai todo o poder maior que alicerça a misericórdia, o Amor compassivo e a chama de um novo tempo em ação.

Visualizai o inconsciente coletivo da humanidade transpassado pela chama azul cobalto, para que, na Luz da Fé e do propósito do impulso inicial, todos os reinos manifestem a Vitória e, na Chama da Verdade, sustentem as forças máximas da própria Luz e, na Chama da Bem-Aventurança, atinjam a sintonia de uma nova consciência, a fim de que possam, rapidamente, ser o despertar da consciência humana por meio da verdadeira Paz e da Unidade na Vitória da Maestria e Ascensão de todos os Seres.

Amor e Luz,
Eu Sou Maytreia em vós.

Texto complementar

O Labirinto

O Labirinto e os hemisférios cerebrais
A transformação acontece no coração, mas quem comanda tudo é a cabeça, o cérebro. E o mecanismo do cérebro humano se interliga na parte que o divide em dois hemisférios. É aqui que entra o Labirinto, que contribui para equilibrar os dois hemisférios cerebrais, para mudar a vida...

Funciona assim: você entra no labirinto pensando em um problema; quando chega ao meio, entrega o problema a Deus; então, sai do labirinto só respirando, sem pensar mais no problema. Tudo o que for preciso para que o problema se resolva vai acontecer. E acontece mesmo. A vida é simples. A gente é que complica demais a vida.

Existe um labirinto na Catedral de Chartres, na França. Quem puder ir até lá, ótimo. Mas, na PAX, há um tapete que é a réplica desse Labirinto. Quando puder ou quiser, o labirinto da PAX está à disposição.[1]

Além de equilibrar os hemisférios cerebrais para obter a mudança e resolver problemas, é bom também para rezar. Se o problema for relacionado a dinheiro, acenda uma vela amarela ou dourada para atrair a iluminação, o discernimento e a consciência que estão faltando neste nosso mundo. Dourado é a cor da abun-

---
1. O Labirinto da PAX encontra-se em sua sede — Av. Braz Leme, 1373, Santana, São Paulo/SP — e o acesso a ele é gratuito; apenas se solicita aos interessados que colaborem com os projetos sociais da PAX mediante a doação de 1 kg de alimento não perecível.

dância, e a parte financeira só se manifesta quando a cabeça está bem. Mas é bom ter em mente que dinheiro sem trabalho não existe. Não digo trabalhar das oito da manhã às dez da noite, mas tem de colocar a energia em movimento para receber a abundância.

Labirinto – O caminho sagrado

Labirintos são ferramentas de meditação e podem ser encontrados em quase todas as tradições religiosas ao redor do mundo.

Ao dar o primeiro passo nele, você estará escolhendo o seu próprio caminho espiritual.

Os Labirintos oferecem um e apenas um caminho a ser trilhado, sem ramificações, e é preciso ter paciência para percorrer todos os seus contornos e chegar ao centro, onde se pode encontrar a paz e a iluminação no centro do seu próprio ser.

Como espelho de uma jornada espiritual e de vida, ao iniciar a trilha de um labirinto você não deve parar, e se errar, não tem problema, vá até o fim, pois isso só indicará que, em sua vida, existem pontos a serem trabalhados. O Labirinto reflete aquilo que a pessoa precisa descobrir na perspectiva de um novo nível de consciência, e seu caminho é intuitivo.

Ciente da importância do Labirinto na busca espiritual, a PAX obteve permissão da Catedral de São Francisco, na Califórnia, para ter o Labirinto em sua sede desde 1977, o primeiro na América do Sul, facilitando assim o caminho dos que buscam a espiritualidade.

O novo Labirinto da PAX, aberto em 2013.

Muitos de nós têm dificuldades para aquietar a mente, e no Labirinto, pelo simples fato de que percorrê-lo exige atenção e concentração mental, os outros pensamentos tornam-se menos intrusivos e a mente pode se aquietar. Isso, é claro, não acontece automaticamente; é preciso guiar a mente com gentileza, com a intenção de liberar os pensamentos desnecessários, o que é bem mais fácil de fazer quando o corpo está em movimento.

Bênçãos Finais
por Mestre Saint Germain,
canalizada por Carmen Balhestero

Amados filhos,

Visualizai, no alto de vossas cabeças, uma grande cruz de malta que se expande, envolvendo toda a humanidade, para que, a partir da sétima esfera de Luz, todos os reinos busquem o poder e sejam a chama da alquimia, para que, na força que é a energia da reedificação de um novo tempo e de um novo ideal, a humanidade como um todo manifeste o Renascimento em ação.

Que, neste dia sagrado, por meio da força do inconsciente coletivo, todos os reinos manifestem o Amor Incondicional e impulsionem, através da Vida, o arauto da Bem-Aventurança que se manifesta na Paz; que a chama da consciência sustente a Fé e a Luz do livre-arbítrio, e potencialize, através do equilíbrio, a chama do Amor Incondicional e da própria Verdade, enaltecendo a força que, neste momento, ancora o poder. Poder da união de formas-pensamento, das irradiações maiores de Amor Incondicional que libertam e da consagração das energias do eixo magnético de uma nova Terra que ressurge, para que todos os seres renasçam através da própria fé.

Visualizai à vossa frente o planeta Terra na chama Verde, da cura, Dourada, de uma nova consciência, Violeta, da transmutação, e Branca, da Paz, para que todos os seres rapidamente emoldurem suas energias do Renascimento nas irradiações de Paz plena, através da sintonia de Unidade, nas energias máximas de Amor Incondicional, e na verdadeira precipitação de uma nova realidade na Mãe Terra agora.

Visualizai o vosso chacra frontal como um grande caudal de Luz violeta que se expande por toda a vizinhança, por toda a cidade, pelo Estado, pela América do Sul, América Central, América do Norte, Ásia, África, Oceania e oceanos... Todo o planeta Terra está envolvido em uma camada de luz Violeta que transmite paz, amor, harmonia e cocriação a todos os seres. Fortalecidos na Fé e na Luz de uma nova Consciência, que possais manifestar a PAZ e a Unidade, com respeito aos Valores Humanos e a todas as formas de evolução.

Amor e Luz,
Eu Sou Saint Germain.

Sobre a Autora

CARMEN BALHESTERO, sensitiva, conduz Meditações pela PAZ e Cura na Mãe Terra desde 1980, a pedido do Mestre Saint Germain, e, em 1985, fundou a Fraternidade Pax Universal. Também foi a precursora na organização das Conferências Internacionais de Metafísica no Brasil, tendo a primeira sido realizada em 1988, na Universidade de São Paulo (USP).

Os contatos de Carmen com a Hierarquia da Grande Fraternidade Branca são realizados desde a sua infância, e o chamado ao trabalho ocorreu em 1985. Desde então, Carmen deu início a um intenso ciclo de atividades, como parte de sua missão, e passou a realizar palestras e cursos em diversas cidades, no Brasil, na Europa e nos Estados Unidos. Em 1987 trabalhou voluntariamente, durante sete meses, no Instituto Louise Hay, em Los Angeles, com energização para doentes de Câncer e de Aids, e em 1989 trabalhou durante um ano, também voluntariamente, no Spiritual Healing Center, em São Francisco.

Carmen foi preparada pelo Mestre Saint Germain para ser um puro canal da Fraternidade Branca na Terra, e sua vida, hoje, caracteriza uma Perfeita Unidade com o serviço de Canal da Grande Fraternidade Branca.

Sobre a Pax

A PAX é uma entidade metafísica, sem fins lucrativos, criada para promover o despertar da consciência humana para o Terceiro Milênio e formar uma nova família fraterna no Planeta, com o auxílio dos Servidores da Luz presentemente encarnados. Seus dirigentes são a Hierarquia da Grande Fraternidade Branca Universal, Elementais da Natureza, Seres Interdimensionais, Correntes de Cura e Irmãos Interplanetários que, sob a regência do Mestre Saint Germain, se manifestam por meio da sensitiva e fundadora da PAX, Carmen Balhestero.

Desde 1980, a Pax realiza trabalhos de vibração pela Paz e Cura Universal todas quintas-feiras, às 15 horas, nos quais são irradiadas as chamas Verde (da Cura), Violeta (da Transmutação do Mestre Saint Germain) e Dourada (da Iluminação) para a purificação da aura do Planeta e de seus habitantes em todas as dimensões. Também são canalizadas mensagens dos Mestres dos Sete Raios da Grande Fraternidade Branca Universal sobre o momento planetário atual. Paralelamente, mais de 20 atividades gratuitas são realizadas semanalmente.

Para mais informações sobre a PAX, consulte <www.pax.org.br> ou entre em contato pelo e-mail: pax@pax.org.br.

Leitura Recomendada

Curso de Maestria e Ascensão
Carmen Balhestero por Saint Germain

Preparada e monitorada por Saint Germain para ser um puro canal da Grande Fraternidade Branca Universal, Carmen Balhestero sempre preferiu a via do trabalho constante e dedicado que, a princípio – e durante quase 20 anos –, atingia exclusivamente as pessoas que acorriam à Fraternidade Pax Universal e às atividades patrocinadas por esta entidade, que foi fundada especialmente para dar sustentação física aos trabalhos que o Mestre lhe orientava, e, mais recentemente, chegou ao público do rádio e da televisão.

Eu Sou Saint German
O Pequeno Grande Livro da Chama Violeta em Ação

Carmen Balhestero

O Sétimo Raio Cósmico, do qual o Mestre Saint Germain é regente, é encarregado de trazer a liberdade no presente ciclo para o homem. É a libertação do espírito, das emoções, do corpo físico, da lei de causa e efeito, ou seja, é o raio da purificação e da transmutação de todos os carmas negativos na preparação da ascensão de todos os seres.

Milagres São Naturais...
Manifeste o seu!

Carmen Balhestero

Entrar em contato com a sua energia é sintonizar-se com a Luz, a Harmonia, a Paz, a Alegria, a Verdade e o Amor Incondicional que Jesus nos oferece.
Lembre-se sempre de que a sua verdade é o seu referencial, a sua vida é a sua experiência e o seu exemplo é o que vai apontar ao mundo uma nova diretriz para que todos possam vislumbrar uma nova forma de enxergar a realidade e, assim, mudar seus próprios caminhos na Luz da Presença Eu Sou.

www.madras.com.br

MADRAS® Editora

CADASTRO/MALA DIRETA

Envie este cadastro preenchido e passará a receber informações dos nossos lançamentos, nas áreas que determinar.

Nome _____
RG _____ CPF _____
Endereço Residencial _____
Bairro _____ Cidade _____ Estado ____
CEP _____ Fone _____
E-mail _____
Sexo ❏ Fem. ❏ Masc.   Nascimento _____
Profissão _____ Escolaridade (Nível/Curso) _____

Você compra livros:
❏ livrarias   ❏ feiras   ❏ telefone   ❏ Sedex livro (reembolso postal mais rápido)
❏ outros: _____

Quais os tipos de literatura que você lê:
❏ Jurídicos   ❏ Pedagogia   ❏ Business   ❏ Romances/espíritas
❏ Esoterismo ❏ Psicologia ❏ Saúde   ❏ Espíritas/doutrinas
❏ Bruxaria   ❏ Autoajuda   ❏ Maçonaria ❏ Outros:

Qual a sua opinião a respeito desta obra? _____
_____

Indique amigos que gostariam de receber MALA DIRETA:
Nome _____
Endereço Residencial _____
Bairro _____ Cidade _____ CEP _____

Nome do livro adquirido: ***Milagres à Luz do Espírito Aloha***

Para receber catálogos, lista de preços e outras informações, escreva para:

MADRAS EDITORA LTDA.
Rua Paulo Gonçalves, 88 – Santana – 02403-020 – São Paulo/SP
Caixa Postal 12183 – CEP 02013-970 – SP
Tel.: (11) 2281-5555 – Fax.:(11) 2959-3090
www.madras.com.br

Este livro foi composto em Times New Roman, corpo 11,5/13.
Papel Offset 75g
Impressão e Acabamento
Orgráfic Gráfica e Editora — Rua Freguesia de Poiares, 133
— Vila Carmozina — São Paulo/SP
CEP 08290-440 — Tel.: (011) 2522-6368 — orcamento@orgrafic.com.br